KB037302

역사콘서트

2

역사콘서트

황광우와 **함께** 읽는 **조선의 결정적 순간**

2

황광우 지음

생각
정원

일러두기

이 책에 실린 조선시대 날짜(1895년 11월 16일 이전)는 음력이다.

이 책에 언급된 조선의 인물 나이는 '한국 나이'를 기준으로 했다.

온몸으로 쓴 나의 역사

나는 대학에서 경제학을 공부했다. 경제학 서적을 뒤적이다 보니 나의 머리는 온통 유럽에 관한 이야기로 가득 차게 되었다. 어린 시절 공부한 한국사는 호랑이 담배 피우던 까마득한 옛이야기가 되었고, 한국사 위에 유럽사가 도배되었다. 사회과학도의 실정이 이러하니, 대학에서 자연과학을 전공하는 분들의 머리는 어떨지 짐작이 가고도 남는다. 이 래선 안 되겠다 싶어 한국사 관련 서적을 구입하여 읽은 지 벌써 20년이 넘었다. 1996년이었던가. 한국의 OECD 가입을 전후 하여 국사 읽기 붐이 일어났다. 『한 권으로 읽는 조선왕조실록』이 인기를 끌었다. 『조선왕조실록』을 한 권으로 읽다니! 부끄러운 일이었다.

1994년 나는 틈만 나면 서울의 청계천 헌책방에 가서 『조선왕조실록』을 매입하기 시작했다. 헌책 20~30여 권을 들고 집으로 오는 일은 힘들었다. 200여 권쯤 매입했을까. 어느 날 후배가 『조선왕조실록』 시 디를 구입하는 방법을 알려주었다. 주저하지 않고 구입했다. 적어도 한국인이라면 「세종실록」 30권은 읽어두어야 한다는 생각에 시디를 복사집에 건네주고, 「세종실록」 편만 따로 복사했다. 제본도 했다. 흐뭇한 마음으로 「세종실록」을 읽어나가던 어느 날, 후배로부터 새로운 소식을 들었다. 『조선왕조실록』 전편이 네이버에 뜬다는 것이다.

돌아본다는 것, 회고하고 반성한다는 것은 사람만이 하는 일이다. 내가 조상을 회고한다는 것은 동시에 나 역시 후손으로부터 회고됨을 뜻한다. 조상의 얼을 되새기는 의식은 나의 발걸음을 무겁게 만든다. '눈길을 갈 때 내가 남긴 흔적을 훗날 후대가 따라 걷게 된다'고 서산대사가 남겼듯이 후손들이 나의 언행을 기억한다면 인생을 아무렇게나 살 수는 없다. 회고는 인간을 역사적 존재로 끌어올리는 작업이다.

10여 년 전의 일이다. 함께 공부하는 초등학생이 나에게 물었다. "선생님, 역사는 왜 배우는 거예요. 다 지나간 이야기잖아요?" 참 당혹스러웠다. 뭐라 답변할 말을 찾지 못했다. 곰곰이 생각해보니 우리는 역사를 잃은 민족이었다.

역사를 왜 배워? 흔히들 그 이유를 과거의 창고에서 지혜의 보검을 꺼내는 것으로 말한다. 틀린 견해는 아니다. '역사는 현재와 과거의 대화'라는 견해 역시 '교훈으로서 역사'의 연장에 있다.

역사는 교훈을 주는 실용적 가치 그 이상의 의미를 갖는다고 나는 생각한다. 역사는 존재의 뿌리요, 삶의 총체다. 역사는 현재라는 공간에 갇혀 사는 나의 삶을 3000년의 시공간 속으로 확장시키는 마법의 양탄자다. 정도전의 역사를 배우면서 나는 600년 전의 할아버지와 대화를 나누고, 정약용의 역사를 배우면서 나는 200년 전의 할아버지와 소통

한다. '할아버지, 왜 그러셨어요?'라고 물으면 할아버지는 자신이 처한 시대의 고뇌를 들려준다. 나의 삶은 21세기의 공간을 넘어 이렇게 200년 전으로, 600년 전으로 이어진다. 인간은 역사적 존재다.

식민사관, 이거 넘어서기 참 힘들다. 물론 조상을 찬양하면 식민사관의 저주를 쉽게 벗어날 수 있다. 하지만 우리는 정직해야 한다. 조상의 부끄러운 모습을 직시해야 한다. 선조는 한양을 버린 왕이었다. 선조에 대한 나의 격렬한 질타 역시 또 하나의 편향일지 모르겠으나 왜적의 침략 앞에서 백성과 나라를 버린 왕에 대해 나는 추호도 양보하고 싶지 않다.

식민사관을 넘어서는 또 하나의 길이 영웅사관에 있다. 을지문덕을 칭송하고, 강감찬을 칭송하고, 이순신을 칭송하는 것이 지난 시대 이곳 지식인들이 즐겨 썼던 수법이었다. 그렇게 나도 자랐다. 그렇게 영웅주의적 관점으로 왜곡된 역사를 배우다 보니, 지금도 많은 국민들이 특정인의 영웅 숭배로부터 자유롭지 못하다. 안타깝다. 잘못 배운 역사관이 오늘의 현재를 일그러뜨리고 있는 것이다.

위인의 창의는 존중되어야 한다. 하지만 역사적 성취를 한두 개인의 신출귀몰로 돌리는 것은 위험하다. 그래서 나는 "거북선은 누가 만들었나?"라고 묻는다. 거북선은 목수가 만들었고, 거북선의 노는 격군格軍이 저었다. 임진왜란은 누가 막았나? 왕도 아니고, 유성룡을 비롯한 퇴계의 제자들도 아니었다.

나는 나의 가슴으로, 온몸으로 역사 속의 인물을 만나고자 했다. 누구나 중·고등학교에서 배웠을 것이다. 대동법大同法이 무엇이고, 종모법從母法이 무엇이고, 균역법均役法이 무엇인지. 그때 나는 이런 것을 왜 암기해야 하는지 의미를 몰랐다. 그만큼 우리는 민중의 삶을, 그들이 겪었던 고통을 몰랐다. 나는 가슴으로 글을 썼다. 대동법이 실시되기까지 얼마나 백성들이 아전들에게 시달렸는지, 조선의 종들이 얼마나 가혹한 악법에 희생되었는지 똑똑하게 기술했다.

　선비라 하여 음풍농월吟風弄月만 한 것은 아니었다. 세상을 이끌고 백성을 구하려고 고군분투한 선비들도 있었다. 효종의 김육, 영조의 박문수가 그들이다. 선비라 하여 노비들의 노동에 의존한 기생적 삶만 살았던 것은 아니었다. 직접 농사짓는 선비도 있었다. 박세당과 이익이 그런 선비였다. 우리는 이익의 성호학파와 박제가의 북학파를 교과서로만 알았다. 중농학파니 중상학파니 암기만 했다. 이들의 진보적 사상이 있었기에 18세기 조선에는 생동감이 있었다. 알고 보니 정조가 쌓은 수원의 화성은 실학實學의 총화였다.

　왕들과 선비들에 관한 기록은 많으나 민중에 관한 기록이 없다. 궁여지책으로 상인에 관한 이야기, 여성 철학자 임윤지당의 이야기, 판소리 여섯 마당의 집대성자 신재효의 이야기를 모아보았다.

　독자들은 2권의 후반부에서 역사를 지킨 몇 분의 거룩한 이야기를 보게 될 것이다. 정약용, 시대는 그를 버렸으나 그는 시대를 버리지 않았다. 그분은 지식인이 갈 수 있는 지극한 곳까지 이른 분이 아닐까? 정약용이 가고, 그의 벗들도 가고, 역사의 활기도 갔다. 새는 날개 하나로는 날지 못한다.

민중은 일어섰다. 진주의 유계춘, 고부의 전봉준 등과 함께 일어선 성난 민중들은 제 한 목숨 구하고자 일어선 소인배가 아니었다. 모두가 세상을 바꾸자고 일어선 호민豪民들이었다. 시대를 책임지고자 일어선 이들 늠름한 호민들이 있었기에 면면히 이어져온 한국사의 강물이 있을 것이다.

차례

6부

500년 왕조의 파국

왜란과 호란

──────── 거북선을 만든 사람은 이순신이 아니라 목수였다. 『난중일기』에는 이렇게 적혀 있다.

"1593년 6월 22일 전선을 만들기 위하여 자귀질을 시작했다. 목수 214명이 일을 했다. 본영에서 72명, 방답에서 35명, 사도에서 25명, 녹도에서 15명, 발포에서 12명, 여도에서 15명, 순천에서 10명, 낙안에서 5명, 흥양과 보성에서 각 10명이었다."

그러면 거북선은 누가 저었을까? 격군들의 무쇠 같은 팔뚝이 저었다. 거북선 한 척에는 16개의 노가 설치되어 있었다. 두 사람이 2인 1조가 되어 노를 저었으니 32명의 격군에 의해 진격했던 것이다. 거북선 밑창에는 이 격군들이 하루 2교대로 노를 젓고 휴식할 수 있는 방이 마련되어 있었다. 그렇다면 거북선은 64명의 격군의 힘으로 진격했던 것이다.

"호남이 아니었다면 조선은 없었을 것"이라는 이순신의 유명한 말처럼 임진왜란을 막은 것은 이순신과 더불어 싸운 민중들, 진주에서 광양을 거쳐 여수와 순천, 곡성과 옥과, 광주와 나주와 영광, 해남과 완도와 진도, 강진과 보성과 장흥에서 이름 없이 싸우다 스러진 민중들이었다.

7년의 전쟁

부끄러운 왕, 선조

1592년(선조 25년) 4월 13일 부산 앞바다가 일본군의 배로 뒤덮였다. 20만 명의 일본군이 조선을 침략해왔다. 2년 전, 황윤길과 김성일을 일본에 파견했지만 두 사람의 보고는 엇갈렸다. 별일 없을 것이라 보고한 이는 김성일이었다. 너무 안이했다. 100년간 계속된 전국시대의 혼란을 수습한 도요토미 히데요시豊臣秀吉는 착착 조선 침략을 추진하고 있었다. 이것을 왜 보지 못했던가? 일본이 서양의 총을 받아들인 해는 1543년이었고, 이후 일본의 칼잡이들은 조총을 들었다.

결국 부산성이 무너지고 말았다. 일본군은 동래성으로 몰려왔다. '싸우지 못하겠으면 길을 비켜라不戰則假道.' 일본군은 팻말을 내걸었다. 동래성의 송상현은 무릎을 꿇을 수 없었다. 그는 '싸우다 죽기는 쉬우나 길을 비키기는 어렵다戰死易假道難'는 팻말을 내걸었다. 혈전을 벌였으나 중과부적衆寡不敵이었다. 성이 함락되자 송상현은 조복朝服을 갈아입고 단정히 앉은 채 적의 칼을 받았다.

일본군은 바로 북상했다. 선조는 신립을 삼도도순변사로 임명하고 보검을 주었다. 그러나 들려온 소식은 신립의 대패였다. 충주 탄금대의 배수진은 허망하게 무너졌다. 4월 30일 선조는 말을 탔다. 비가 주룩주룩 내리던 그날 경복궁은 통곡했다. 왕은 홍제동을 지나고 있었다. 몽진蒙塵이었다. 일본군은 아무 저항을 받지 않고 한양을 점령했다.

선조는 평양에 도착한 후 한양을 수복하겠다는 교서를 발표했다. 그러나 약속을 지키지 않았다. 6월 11일 선조는 다시 평양을 버리고 북진했다. 4일 후 일본군은 평양에 입성했다. 선조는 명나라에 원병을 요청했다. 명나라는 주저했다. 조선이 일본과 합세하여 명나라를 침략할 수도 있지 않을까 의심했다. 선조는 임해군과 순화군을 강원도와 함경도에 보내 군대를 모집했다. 두 왕자는 일본군의 포로가 되었다. 백성에게 횡포를 부리다 밀고된 것이다. 쯧쯧.

6월 14일 선조는 중대 발표를 했다. 광해군에게 분조分朝를 명령했다. 분조란 조정의 관료들을 두 개의 조로 나누는 것이다. 선조와 광해군이 왕권을 나누어 갖는다는 것이다. 왜? 알고 보니 광해군은 남아서 조선을 지키고 선조는 명나라로 도망간다는 결정이 내려졌던 것이다. 선조의 신하들이 속속 이탈했다. 광해군과 함께 조선을 지키겠다는 것이다. 선조는 자신을 따르는 신하들과 함께 의주까지 북진했다. 선조는 조선을 버렸다.

왕은 조선을 버렸으나 하늘은 조선을 버리지 않았다. 수군은 조선을

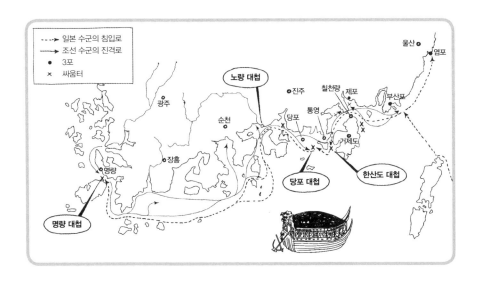

지킨 하늘이었다. 이순신이 이끄는 수군은 일본 수군을 격파했다. 육지에서는 의병이 일어났다. 평양성을 점령한 일본군은 당황했다. 보급선이 끊기고 있었다. 너무 깊이 들어온 것인가? 전진할 수도 후퇴할 수도 없는 진퇴유곡進退維谷의 상황에 빠졌다. 일본군은 그냥 평양성에 웅크리고 있을 수밖에 없었다. 겨울이 다가오자 살을 에는 북풍이 몰아쳤다. 동장군이다. 1593년 1월 6일 조선군과 명나라 원군이 평양성을 공략했다. 일본군은 평양성을 버리고 도망치기 시작했다. 1593년 4월 30일 한양을 수복했다. 딱 1년 만이었다. 전세는 뒤바뀌었다. 임진왜란은 7년간에 걸친 전쟁이다. 그사이 일본군이 일방적 우세를 보인 기간은 평양성을 점령할 때까지 두 달뿐이었다.

이후 명나라와 일본 사이에서 협상이 진행되었다. 일본군은 경상도해안 일대로 후퇴했고, 전쟁은 소강상태가 되었다. 3년간 지루하게 진행된 협상은 결렬되었다. 명나라는 도요토미 히데요시를 일본 국왕으로 임명하고 명나라에 조공을 허용한다는 조건을 제시했다. 반면 일본은 조선 영토의 일부를 내놓고 조선의 왕자와 대신을 인질로 넘겨줄 것을 요구했다. 오만방자한 요구였다. 협상은 결렬되었고 도요토미 히데요시는 1597년 1월 재차 침략을 감행했다. 정유재란이다. 그러나 일본군은 남부의 일부 지역을 넘어서지 못했다. 마침내 1598년 8월 18일 도요토미 히데요시가 죽고 일본군은 철수했다. 기나긴 전쟁이 끝났다.

이순신의 고뇌

테미스토클레스와 이순신

　　이순신 장군의 드라마를 시청한 한국인은 많아도 이순신 장군의 『난중일기亂中日記』를 읽은 한국인은 많지 않을 것이다. 나는 어려서 서가에 꽂힌 이은상 역 『난중일기』를 뒤적였다. "7월 5일 날씨 흐리다. 망궐례望闕禮를 드렸다." "7월 6일 아침에 바람도 잦다. 대청에 나가 얼마 있자니 원 수사가 보러 왔다가 돌아갔다." 초등학생 일기장만도 못한 일기가 『난중일기』의 대부분이다. 이런 책을 왜 읽어? 어려서는 『난중일기』의 깊은 뜻을 느낄 수 없었다.

　　『조선왕조실록』도 대단한 기록물이지만 『난중일기』는 참으로 희한한 기록물이다. 생각해보라. 이순신은 전쟁을 지휘하는 장수였다. 20만 대군이 바다를 건너오면서 선조는 서울을 버리고 북쪽으로 도망갔다. 경복궁이 불에 타고 장례원의 노비 문서 역시 불에 탔다는 것은 민란이 일어났음을 의미한다. 남은 것은 호남뿐이었다. 이 위급한 상황에 장군이 매일 일기를 썼다는 것은 참 이해되지 않는 사건이다. 로마의 카이사르는 자신의 유럽 정벌을 담은 『갈리아 전기』를 남겼다. 카이사르는 침략자였다. 침략을 당한 나라의 장수가 전쟁 중에 일기를 남겼다는 것은 아마도 세계사에서 유일무이한 사건일 것이다.

곰곰이 생각해본다. 『난중일기』는 알리바이가 아니었을까? 선조는 처음부터 끝까지 이순신을 싫어했다.[1] 왕명을 내리면 고분고분 들은 적이 없었기 때문이다. 원균은 충신이었다. 도망가는 왜놈을 한 명도 살려두지 말라는 선조의 명령을 고분고분 따른 장수가 원균이었다. 그 결과 원균은 칠천량해전에서 5만 수군을 물귀신으로 만들고도 임진왜란의 일등공신이 되었다. 그만큼 선조는 원균을 믿었다. 단순, 무식, 과격한 장수가 좋은 거야. 선조의 명령을 곧이곧대로 따를 수 없었던 이순신, 그는 무엇인가 자기 보호 장치가 필요했을 것이다.[2] 비록 그는 왕명을 거부했지만 그것은 전쟁의 법칙 때문이었지, 불충의 마음 때문은 아니었음을 입증할 필요가 있지 않았을까?

사실 이순신이 죽지 않고 백의종군이라도 했던 것은 일본 놈들 때문이었다. 선조가 이순신을 풀어준 것은 일본 놈들과 싸우다 죽으라는 뜻이었다. 쓸 만한 전함 한 척 없는 상황에서 왜군들과 싸우라는 것은 싸우다 죽으라는 것이 아니고 무엇인가? 항복한 왜놈들에게나 주는 면사免死첩을 이순신에게 주었다는 것은 같은 민족으로서 참기 힘든 인격 모독이었다.

전공戰功에 있어서 이순신과 맞먹는 수훈을 기록한 장군을 세계사에서 찾아보면 고대 그리스의 테미스토클레스를 떠올릴 수 있다. 기원전 480년 살라미스해전을 승리로 이끈 아테네의 장군 말이다. 그리스는 페르시아의 침공 앞에서 풍전등화의 위기 상황이었다. 스파르타가 자랑하는 무적의 육군이 테르모필레 계곡에서 무너졌다. 물밀듯이 밀려오는 페르시아 군대에 의해 아테네의 집과 신전은 모두 불바다가 되었다.

테미스토클레스는 마지막 남은 366척의 전함에 그리스의 운명을 걸었다. 계략은 적중했다. 테미스토클레스는 페르시아 왕에게 첩자를 보내 그리스 전함을 포위 섬멸해버릴 것을 주문했다. 페르시아 왕은 테미스토클레스가 보낸 밀사의 보고대로 1000척이 넘는 전함을 출동시켜 그리스 전함 366척을 포위했다. 도망칠 궁리에 바빴던 그리스 연합군은 전쟁 외에 다른 선택의 여지가 없었다.

동이 트자 그리스 함선에서 진격의 고함 소리가 터져 나왔다. '용맹한 전사들이여, 우리의 아들 딸, 부모 형제를 적의 침공으로부터 구하자!' 그리스의 함선은 그대로 페르시아 함대를 들이받았고 1000여 척의 페르시아 함대는 우왕좌왕 좌충우돌하다가 바다로 가라앉았다. 기적의 전승을 이룬 테미스토클레스는 그리스의 이순신이었다.

명량해전은 살라미스해전과 비슷하지만 좀 다르다. 배 12척으로 적선 133척을 물리쳤으니, 명량의 승전은 살라미스의 승전보다 훨씬 더 극적이다. 살라미스의 승전으로 그리스 민족의 역사가 존재하게 되었듯이 명량의 승전으로 조선 민족의 역사가 이어지게 되었다. 테미스토클레스가 없었다면 소크라테스도 플라톤도 존재할 수 없었듯이, 이순신이 없었다면 정약용도 전봉준도 존재할 수 없었다.

목수와 격군, 그리고 위대한 민중

이순신의 위대함은 아무리 칭송해도 지나치지 않다. 이순신이 위대한 까닭은 그의 탁월한 병법보다도 그의 인품에 있다. 여기 아무 사심 없는 사람, 자기 시대의 요구에 그대로 몸을 맡긴 사람의 일기 장이 있다.

1592년 5월 18일 종 목년이 아산으로부터 온 편에 어머님이 안녕하시다는 소식을 듣고 곧 답장을 써서 돌려보내며 미역 다섯 동을 집에 보냈다.

1592년 6월 12일 종 갓동과 철매들이 병으로 죽었다니 참 가엾다.

1596년 3월 6일 계집종 덕금, 한대, 효대와 은진도 왔다.

1596년 7월 28일 종 경이 몹시 앓는다고 하니 염려된다.

조선은 종들의 나라였다. 선비들은 종들의 노동에 자신의 삶을 의존한 사람들이다. 선비들은 저마다 한 권의 문집을 남기고 죽었는데, 그 많은 문집 가운데 종들의 이름을 기억해주는 기록물은 많지 않다. 『난중일기』는 이순신의 삶을 떠받쳐준 종들의 이름을 그대로 적고 있다. 이순신은 종을 종으로 대한 것이 아니라 인격체로 대했던 것이 아닐까?

1592년 3월 27일 거북선에서 대포 쏘는 것도 시험했다.

1592년 4월 12일　거북선에서 지자포, 현자포를 쏘아보았다.³

"거북선은 누가 만들었나요?"라고 물으면 누구나 '이순신'이라고 답한다. 아니다. 거북선을 만든 사람은 이순신이 아니라 목수였다. 산에서 나무를 베고 바닷가로 실어 나른 벌목공, 나무껍질을 벗기고 둥근 나무를 판자로 켜고 자르고 다듬은 목수들의 힘이 모여 한 척의 거북선이 만들어진 것이다. 일기에는 이렇게 적혀 있다.

1593년 6월 22일　전선을 만들기 위하여 자귀질을 시작했다. 목수 214명이 일을 했다.⁴ 본영에서 72명, 방답에서 35명, 사도에서 25명, 녹도에서 15명, 발포에서 12명, 여도에서 15명, 순천에서 10명, 낙안에서 5명, 흥양과 보성에서 각 10명이었다.⁵

'그래도 이순신 장군의 설계도가 있었기에 거북선이 만들어진 것 아니에요?'라는 반문이 들려온다. 미안하지만 거북선은 조선 초기에 이미 그 모형이 있었다.⁶ 또 거북선의 제조 기술은 판옥선⁷이라는 배가 존재했기 때문에 가능한 것이었다. 거북선은 판옥선에 지붕을 얹고 그 지붕에 송곳과 못을 박은 것이다. 여기에 다시 용머리를 내고 화포 장치를 부가했다. 판옥선을 제조하던 조선朝鮮 목수들의 조선造船 기술이 거북선을 가능하게 했던 것이다. 조선朝鮮은 조선造船의 나라였다.

'그래도 이순신 장군이 거북선 제조를 계획하고 명령했기 때문에 거북선이 만들어진 것이 아니에요?'라는 반문이 들려온다. 그렇다. 이순신 장군에게 돌아갈 공은 그가 왜의 침공을 예상하고 임진왜란 1년 전에 거북선을 준비한 것이다.[8] 정말 절묘했다. 고니시 유키나가小西行長 부대가 병선 700여 척을 타고 부산 앞바다에 도착하여 부산포에 침입한 것은 1592년 4월 14일 오후 5시의 일이었다. 그 이틀 전인 4월 12일 거북선에서 지자포와 현자포를 쏘아보았다는 것이 너무 절묘하지 않은가? 중요한 것은 판옥선을 제조했던 조선 목수들의 힘과 지혜가 있었기에 이순신이 거북선을 준비할 수 있었다는 점이다.

다시 한 번 확인하자. 거북선은 목수가 만들었다. 그러면 거북선은 누가 저었을까? 거북선을 저은 것은 장군들이 아니다. 뱃사공들, 정확히는 격군들의 무쇠 같은 팔뚝이 저었다. 거북선 한 척에는 16개의 노가 설치되어 있었다. 두 사람이 2인 1조가 되어 노를 저었으니 거북선은 32명의 격군에 의해 진격했던 것이다. 거북선 밑창에는 이 격군들이 하루 2교대로 노를 젓고 휴식할 수 있는 격군들의 방이 마련되어 있다. 그렇다면 거북선은 64명의 격군의 힘으로 진격했던 것이다.

격군들은 영화 「벤허」에 나오는 로마 함선의 노예들처럼 하루 종일 노를 저어야 했다. 왜놈들의 배와 충돌하여 배가 함몰하면 자신의 목숨도 함께 바다 밑으로 가라앉는 운명이었다. 그러다 보니 격군들 중에 도망자가 생기는 것은 필연이었다. 이순신은 도망자를 비롯한 군율 위반자들에게 엄정한 형벌을 가한 장군이었다. 보자.

1594년 1월 19일 　비포에서 영남 여러 배의 사부射夫와 격군들이 거의 다 굶어 죽게 되었다는 말은 참혹하여 차마 들을 수가 없었다.

목수들이 거북선을 만들었고 격군들이 거북선을 저었다. 이것은 아
주 간명한 진실이다. 그런데 우리 민족의 가슴속에는 이 간명한 진리를
받아들이기를 거부하는 힘이 존재한다. 전국의 초등학교마다 이순신
장군의 동상이 서 있고 서울의 심장부 광화문 사거리엔 왼손으로 칼을
잡고 서 있는 이순신 장군의 동상이 있기 때문이다.

임진왜란은 이순신 혼자 지켜낸 싸움이 아니라 거북선을 만들고 저
으며 땀과 피를 흘린 목수들과 격군들이 더불어 지켜낸 싸움이었다. 정

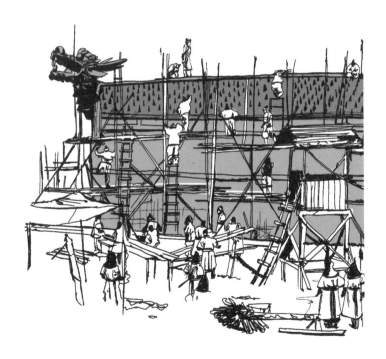

유재란이 일어나고 12척의 배로 명량대첩을 이끈 이순신의 필사즉생必死則生 정신도 위대하지만 바로 이 12척의 배에서 목숨을 걸어 노를 저었던 격군들이 있었기에 명량의 대첩이 가능했던 것이다.

"호남이 아니었다면 조선은 없었을 것"이라는 이순신의 유명한 말처럼 임진왜란을 막은 것은 이순신과 더불어 싸운 민중들, 진주에서 광양을 거쳐 여수와 순천, 곡성과 옥과, 광주와 나주와 영광, 해남과 완도와 진도, 강진과 보성과 장흥에서 이름 없이 싸우다 스러진 민중들이었다.

백성을 버린 왕

|

> 한산섬 달 밝은 밤에 수루에 혼자 앉아
> 큰 칼 옆에 차고 깊은 시름 하는 적에
> 어디서 일성호가는 나의 애를 끊나니

1595년 8월 15일 일기는 고뇌 어린 이순신의 심정을 적고 있다. "하루 내내 여러 장수와 같이 술에 취했다. 밤에 희미한 달이 수루를 비추어서 누워도 잠을 이루지 못했다. 시를 읊조리며 기나긴 밤을 지냈다." 이순신은 무엇 때문에 고뇌했을까?

현실은 모순덩어리다. 사람은 늘 이 모순을 보고 이해하며 그 해결책을 찾아 움직인다. 모순이 한두 가지라면 사람은 괴로워하지 않는다.

대한민국의 청소년은 모두 성적成績 고민과 성적性的 고민을 갖고 산다. 두 고민은 그들에게는 당연한 것이다. 사춘기의 추억이라는 것이 다 이런 성적 고민과 연관되지 않던가? 마찬가지로 장군에게 전시 상황은 고민이 아니다. 도리어 전시 상황은 장군에게 존재의 이유를 제공한다. 아군의 연전연패의 비보도 고민이 아니다. 동료들의 패전은 나의 존재감을 돋보이게 하는 호기가 아니겠는가?

그런데 일기장에 적힌 이순신의 고뇌는 좀 심각하다. 1594년 5월 9일 일기를 보자. "종일 빈 정자에 홀로 앉았으니 온갖 생각이 가슴을 치밀어 회포가 산란했다. 무슨 말로 형언하랴. 가슴이 막막하기가 취한 듯, 꿈속인 듯, 바보가 된 것도 같고, 미친 것 같기도 했다." 아무리 일기라지만 감정 표현이 지나치다. 멍청이가 된 것도 같고 미친 것 같기도 했다는 표현은 장군의 인격에 어울리지 않는다. 도대체 무엇 때문에 이렇게 괴로웠을까?

이순신의 가슴에 담긴 고뇌들을 하나씩 추적해보자. 먼저 동료 원균과의 사이가 좋지 않았던 점을 지적해야겠다. 1593년 2월 23일 일기는 "원 수사는 너무도 음흉하여 말로는 무어라 표현할 수가 없다"고 적고 있다. 친구 간의 불화는 늘 상대적인 것이기에 원균의 음흉함만을 탓할 수는 없으리라. 원균에게는 기효근이라는 부하가 있었는데, 배 안에 예쁜 색시를 태우고 다녔다고 한다. 전쟁터에서 말이다. '원균도 마찬가지였다'고 이순신은 적는다. 일기만으로는 다 알 수 없는 그들의 갈등, 좀 깊었던 것 같다.

이순신의 고뇌가 미칠 것처럼 깊었던 주요 요인은 선조와의 갈등에서 왔다. 선조는 도망가는 왜놈들을 한 놈도 살려두지 말라는 어명을 내린다. 이것은 명령이 아니다. 전쟁은 장군이 지휘하는 법. 이순신은 어명을 거들떠보지도 않았다. 도망가는 적을 잡기 위해 추격하는 것은 유인전술에 말려드는 졸책이다.

보자. 1593년 2월 17일 임금의 교지는 명령한다. '적이 돌아가는 길목에 빨리 나아가 도망가는 적을 막아 무찔러라.' 뭣이여? 병법의 기초도 모르는 풋내기 왕이 전신戰神 이순신에게 전술을 지시하다니! 1593년 5월 10일 선전관이 임금의 분부를 가지고 왔다. 똑같은 소리였다. 부산에 나아가 돌아가는 적들을 무찌르라는 것이다. 누굴 물귀신 만들 작정인가? 1594년 5월 8일 또 임금의 유서가 왔다. '수군을 거제로 진격시켜 적으로 하여금 무서워 도망가게 하라'는 것이다. 이러니 미치고 환장할 수밖에. 1594년 9월 3일 새벽에 또 명령이 왔다. 이번엔 비밀 교지다. '팔짱만 끼고 토벌하지 않는다'고 책망하는 비밀 교지. 이순신은 적는다. '험한 소굴에 웅크리고 있는 적을 어찌 가볍게 나아가 공격한단 말인가? 나를 알고 적을 알아야만 백번 싸워도 위태롭지 않다.' 병법의 기초도 모르는 왕이여!

선조여! 그대가 왕인가? 서울을 버린 왕이 왕이란 말인가? 외적과 맞서 싸우지 않은 왕은 왕이 아니다. 왜놈들이 부산을 침공하고 반도를 유린한 것보다 더 고통스러운 것은 왕의 몽진이었다. 임진왜란이 후대들에게 부끄러운 전쟁으로 기억되는 것은 선조, 그대의 무책임과 무능력과 비굴함 때문이다. 싸움에서 질 수도 있고 전쟁에서 왕이 죽을 수도 있다. 이것은 부끄러운 것이 아니다. 백성을 보호하기 위해 초개같

이 목숨을 내놓아야 할 제1의 책임자면서 백성들은 사지에 몰아넣고 자신만 살겠다며 임진강으로 대동강으로 북으로 북으로 도망쳤던 선조. 그대의 비열한 행동이 두고 두고 우리 민족을 부끄럽게 한다. 선조 그대만큼 민족의 자존심을 짓뭉갠 지도자가 또 있었던가?

　도피할 수도 있다. 그러나 그 도피는 작전상 도피여야 한다. 왜 한강을 1차 저지선으로 삼고 왜군의 북상을 막지 못했던가? 1차 저지선이 무너졌다고 치자. 그러면 임진강을 2차 저지선으로 삼아 왜군의 북상을 막을 수 있었다. 보고에 의하면 17만 명의 장정이 싸움에 나설 수 있었다고 한다.[9] 수가 중요한 것이 아니다. 전쟁에서 중요한 것은 사기요, 결의다. 결의에 찬 군사 1만 명이면 왜군 30만의 후방을 충분히 괴롭힐 수 있다.

잊지 말자. 왕의 자격이 없는 자를 왕으로 모신 민족이여! 그날의 치욕을 잊지 말자. 「선조실록」에서 딱 세 기사만 고르겠다. 첫 번째 기사는 1592년 4월 30일의 기사다.

새벽에 임금이 인정전(仁政殿)에서 나오니 백관들과 인마 등이 대궐 뜰을 가득 메웠다. 이날 온종일 비가 쏟아졌다. 상과 동궁은 말을 타고 중전 등은 뚜껑 있는 교자를 탔었는데 홍제원에 이르러 비가 심해지자 숙의(淑儀) 이하는 교자를 버리고 말을 탔다. 궁인(宮人)들은 모두 통곡하면서 걸어서 따라갔으며 종친과 호종하는 문무관은 그 수가 100명도 되지 않았다. 점심을 벽제관에서 먹는데 왕과 왕비의 반찬은 겨우 준비되었으나 동궁은 반찬도 없었다. 병조판서 김응남이 흙탕물 속을 분주히 뛰어다녔으나 여전히 어찌해볼 도리가 없었고, 경기 관찰사 권징은 무릎을 끼고 앉아 눈을 휘둥그레 뜬 채 어찌할 바를 몰랐다.[10]

참으로 한심한 조정이었다. 점심조차 준비하지 않은 조정이었다. 현해탄 건너의 전화戰火를 목격하고도 어이 군량 비축을 생각조차 아니했더냐? 얼마나 무사안일에 젖어 살았느냐? 주인 없는 궁은 어찌 되었던가? 「선조수정실록」은 그날 밤의 참극을 똑똑히 보여주고 있다.

> 도성의 궁성에 불이 났다. 거가가 떠나려 할 즈음 도성 안의 간악한 백성이 먼저 내탕고에 들어가 보물을 다투어 가졌다. 이윽고 거가가 떠나자 난민이 크게 일어나 먼저 장례원과 형조를 불태웠다. 이는 두 곳의 관서에 공사 노비의 문적이 있기 때문이었다. 그러고는 마침내 궁성의 창고를 크게 노략하고 인하여 불을 질러 흔적을 없앴다. 경복궁, 창덕궁, 창경궁의 세 궁궐이 일시에 모두 타버렸다. 홍문관에 간직해둔 서적, 춘추관의 각조 실록, 『승정원일기承政院日記』가 모두 남김없이 타버렸다. 임해군의 집과 병조판서 홍여순[11]의 집도 불에 탔는데, 이 두 집은 평상시 많은 재물을 모았다고 소문이 났기 때문이었다. 유도대장이 몇 사람을 참斬하여 군중을 경계시켰으나 난민亂民이 떼로 일어나서 금지할 수가 없었다.[12]

경복궁 터를 선택하기 위해 태조는 얼마나 절치부심했던가? 경복궁 전각들의 이름을 짓느라 정도전은 몇 날 며칠을 고심했던가? 1393년과 1394년 얼마나 많은 백성이 이 궁을 짓는 요역에 시달려야 했던가? 그 많은 서적들은 어디로 갔나? 그 많은 춘추관의 각조 실록은 어디로 사라졌나? 더없이 소중한 민족의 보물인 『승정원일기』는 대체 누가 소각했더란 말이냐? 선조 그대의 교활함 때문이 아니었던가?

그날을 잊지 말자. 비가 주룩주룩 쏟아지는 가운데 흙탕 길을 이리 뛰고 저리 뛰어다니며 왕의 반찬을 구해야 했던 그날의 슬픈 정경을! 그날을 잊지 말자. 백성을 버리고 도망간 왕의 뒷모습을!

저녁에 임진강 나루에 닿아 배에 올랐다. 임금, 신하들을 보고 엎드려 통곡하니 좌우가 눈물을 흘리면서 감히 쳐다보지 못했다. 밤은 칠흑같이 어두운데 한 개의 등촉도 없었다. 밤이 깊은 후에 겨우 동파東坡까지 닿았다. 임금이 배를 가라앉히고 나루를 끊고 가까운 곳의 인가를 철거시키도록 명했다. 이는 적병이 그것을 뗏목으로 이용할 것을 염려한 때문이었다. 백관들은 굶주리고 지쳐 촌가에 흩어져 잤는데 강을 건너지 못한 사람이 반이 넘었다.[13]

선조여, 비굴한 선조여, 왜 통곡하는가? 그렇게도 그대의 목숨이 아깝던가? 헤아릴 수도 없이 많은 군졸과 아무 죄 없는 백성이 왜놈의 칼과 총에 죽어가고 있거늘, 선조여, 그대가 왕이었던가?

선조는 그런 비겁한 왕이었다. 그런 왕이 이순신더러는 도망치는 왜놈을 한 명도 놓치지 말고 죽이라고 하다니. 허! 이순신의 왕명 거부는 선조의 미움을 사기에 충분했다. 장차 어떤 일이 벌어질지 백전노장의 이순신이 왜 몰랐겠는가?

민중의 반란

선조도 선조였지만 이순신의 속을 뒤집어놓았던 것이 또 있었다. 이순신의 고뇌를 바로 알려면 우리는 임진왜란의 또 다른 성격에 주목해야 한다. 임진왜란은 외침이자 내란이었다. 임진왜란은 왜놈의 외침인 동시에 조선왕조에 대한 민중의 반란이었다. 앞에서 우리는 장례원의 노비 문적이 불타는 꼴을 보았다. 이것이 민란[14]이 아니라면 무엇이 민란이던가?

1593년 7월 8일 적이 광양을 친다는 말에 광양 사람들이 관청과 창고를 불태우고 있다고 한다. 해괴함을 이길 길이 없다.

1593년 7월 9일 광양, 순천이 결딴났다고 한다. 왜적들이 아니고 피란민들이 왜적처럼 차리고 광양으로 들어가 여염집들을 분탕하는 것이었다.

1594년 1월 14일 설날 아산 산소에서 제사를 지내는데 떠돌아다니는 사람들이 무려 200여 명이나 산을 둘러싸고 음식을 달라고 덤볐다고 했다. 놀라운 일이었다.

1594년 1월 27일 동문 밖 해운대(여수 동북쪽) 옆에 횃불 강도가 나타났고 미평에도 역시 횃불 강도들이 들었다고 한다. 놀라운 일이다.

1594년 2월 9일 민생들이 주려서 서로 잡아먹는다고 하니 장차 어떻게 살 것인가를 물었다.

조선왕조를 떠받치는 사회경제적 토대가 무너졌다. 임진왜란을 왜와 조선의 대립이자 양반과 민중의 대립으로 보아야 선조와 이순신의 대립을 올바르게 읽을 수 있다. 선조는 호남의 의병장 김덕령을 죽였다. 경상도의 의병장 곽재우는 죽음을 피하여 산속 깊은 곳으로 은거해버렸다. 선조가 왜 김덕령을 죽였을까? 뻔하다. 민심이 의병장에게 기울었기 때문이다. 선조는 민중의 반란을 두려워했다. 전국 각지에서 일어난 의병들, 김덕령과 곽재우가 일으킨 의병들 다수가 종이었다. 왜의 침략은 역설적으로 종들의 각성을 유도했고, 전쟁에 뛰어든 종들은 왕후장상王侯將相의 씨가 따로 있는 것이 아님을 몸으로 확인했다.

『조선왕조실록』은 이순신의 최후를 이렇게 기록한다.

노를 저어 밤새도록 나아가 날이 밝기 전에 노량에 도착하니 과연 많은 왜적이 있었다. 한참 혈전을 하던 중 순신이 왜적의 탄환에 가슴을 맞아 배 위에 쓰러졌다. 순신의 아들이 울려고 하고 군사들은 당황했다. 이문욱이 곁에 있다가 울음을 멈추게 하고 옷으로 시체를 가려놓은 다음 북을 치며 진격하니 모든 군사들이 순신은 죽지 않았다고 여겨 용기를 내어 공격했다. 왜적이 마침내 대패하니 사람들은 모두 '죽은 순신이 산 왜적을 물리쳤다'고 했다.[15]

죽음 앞에서 "싸움이 한창 급하다. 내가 죽었다는 말을 내지 마라"라고 말했다는 이순신. 이순신의 자살설이 대두되는 것도 일리가 있다. 전사냐 자살이냐가 중요한 것이 아니다. 이순신은 조선왕조에 충성을 다했다. 조선왕조의 기일마다 잊지 않고 북향재배北向再拜한 것이 『난중일기』의 주요 글감이다. 하지만 선조는 이순신을 왕명 거부자로 보았다. 이성계가 회군하여 새 왕조를 열었듯 왜군을 물리친 이순신이 휘하의 수군과 호남의 백성들을 이끌고 한양에 입성하는 날 조선왕조는 끝이라고 선조는 보았을 것이다. 이순신의 고뇌는 그만큼 깊을 수밖에 없었다.

『조선왕조실록』은 전한다. 이순신의 부음訃音이 전파되자 호남 일대의 사람들이 모두 통곡하여 노파와 아이들까지도 슬피 울지 않는 자가 없었다고.[16] 이순신의 삶과 죽음을 표현할 수 있는 언어는 살신성인殺身成仁, 이것뿐이다.

3

또 하나의 난중일기

남행길에 오른 선비

『백범일지』가 없는 김구를 상상할 수 있을까? 김구 선생의 삶만큼이나 감동적인 그의 일기가 있었기에 어린 시절 우리는 김구를 흠모하게 되었다. 마찬가지로 『전태일 평전』이 없는 전태일도 우리는 상상할 수 없다. 『전태일 평전』은 작고한 조영래 선배의 역작이긴 하지만 전태일의 일기가 있었기에 가능한 작품이었다. 『전태일 평전』이 출판되기 이전인 1970년대 우리는 자취방에서 전태일 일기의 복사본을 남몰래 돌려보았다. 그때의 충격을 잊을 수 없다. 일기는 삶의 재현이지만 삶보다 더 강력한 무기가 될 수도 있다. 이순신 장군이 전쟁통에 꼬박꼬박 일기를 작성해나갔던 것은 세계사에 전무후무한 일이라 평했었다. 그런데 여기 또 한 권의 희귀한 일기가 있다. 오희문의 『쇄미록瑣尾錄』이다.

오희문의 일기 『쇄미록』은 『난중일기』와는 다르다. 삼도수군통제사라고 하는 막중한 임무를 맡은 이순신과 달리 오희문은 한낱 선비였다. 아무런 관직을 맡지 않았다. 이순신이 전선에서 풍전등화風前燈火의 위기에 처한 조선을 구한 장수였던 것과는 정반대로, 오희문은 산속 깊은 곳에 숨어서 난리통에 잃어버린 모친과 부인을 찾지 못해 전전긍긍한 선비였다. 하지만 그가 남긴 일기 『쇄미록』은 어느 역사가도 따르지 못할 만큼 당대의 현실을 생동감 있게 기록하고 있다.

때는 1591년 12월이었다. 오희문은 장흥에 있는 노비의 신공身貢도 받을 겸 서울을 떠나 남행길에 올랐다.

나는 지난 1591년 12월 27일 새벽에 서울을 출발하여 용인 이경여의 서당에서 자고, 다음날 일찍 떠나서 직산에 있는 친구 변신진의 농장에 도착했다. 신진의 종 어질동이 내가 온 것을 보고 반갑게 맞으면서 따뜻한 방에서 나를 자게 했다. 태수 조영현은 내가 왔다는 말을 듣고 즉시 동헌으로 나왔다. 적조했던 회포를 풀었다. 취하도록 마셨다. 이튿날 일찍 떠났다. 어제 내린 큰 눈에 길이 험했다. 여산에 도착하니 밤이 깊었다. 1월 10일 장수현에 도착했다. 현감은 나의 처남이다. 다음날 무주에 도착했다. 종 인수의 집에서 잤다. 다음날 아침 남원 광한루의 맑은 경치를 보려 했으나 그만 곡성으로 갔다. 송광사로 들어갔다. 종을 숨긴 덕수란 자가 나타났다. 몹시 괴이해서 물었더니 지금은 병영에 소속되었다고 한다. 다음날 아침밥을 먹은 후 영암군에 도착했다. 점심을 먹은 후, 구림촌에 갔더니 누이는 맨 발로 중문까지 나왔다. 반가움이 지극하여 도리어 슬픈 마음이 일었다. 고기 잡는 것을 보면서 놀았다. 떠나는 전날 누이가 소를 잡아 안주를 만들고 술을 내놓았다. 노래도 부르고 춤도 추었다. 작별하는 날 누이도 울고 나도 울었다. 4월 9일 남평에 도착했다. 창평 군수 심사화는 우리 재종형인데, 마침 병으로 나오지 못했다. 다음날 일찍 일어나 옥과를 갔다. 4월 16일 왜선 수백 척이 부산 앞바다에 나타났다고 한다. 부산과 동래가 모두 함락되었다 하니 놀라움을 이길 수 없다. 신립은 조령을 지키지 못하고 전사했고, 임금은 도성을 지키지 못하고 파천했다 한다. 분통하다. 주상께서 굳게 도성을 지키고 방비했다면 적이 쉽게 도성을 침공하겠는가. 먼저 물러나 도망하다니 애석한 일이다. 백성들은 노래했다. "높은 성을 쌓은들 누가 성을 지키리. 성이 성이 아니라네. 백성이 바로 성이라네." 들으니 왜적이 들어온 뒤에 영남 사람들은 왜적에게 들어가 길을 인도하고, 왜적과 한패가 되어 왜놈의 말을 하면서 민가의 재산을 약탈한다고 한다. 오늘은 25일, 노모의 생신이다. 평시 같으면 술과 떡을 준비하여 온종일 놀았을 터인데, 지금은 어디에서 떠돌며 울고 있을까?[17]

산속에 숨어 쓴 『쇄미록』
|

　　1592년 4월 16일 장수에 있던 오희문은 임진왜란이 일어났다는 소식을 들었다. 이후 86일간 영취산의 석천암에 숨어 지냈다. 날

마다 장수 현감으로부터 전황을 보고받았다. 『시경詩經』에는 '쇄혜미혜瑣兮尾兮'라는 구절이 나온다. '초라하고 보잘것없이 떠도는 나그네'라는 뜻이다. 오희문은 자신을 초라한 나그네라 하여 일기장의 제목을 『쇄미록』이라 했다.

7월 1일   인종의 제삿날이다. 산속으로 돌아오니 밤이 깊었다.

7월 2일   절 뒤 깊은 골짜기로 들어가 집을 만들고 잠을 잤다.

7월 3일   산속에 있다. 여종 네 명, 남종 다섯 명이 함께 있다.

7월 4일   산속 바위 밑에서 잤다. 밤중에 찬 기운이 살 속에 이르자 견딜 수가 없었다.

7월 5일   바위 틈 순채 나물을 캐다가 삶아서 나물을 만들고 산나물을 따다가 밥을 먹었다.

7월 6일   밤중에 두견새가 우니 슬픈 감회를 이길 수 없다.

7월 7일   아침에 남종을 석천사에 보내 양식을 가져오게 했다.

7월 8일   정탐하러 간 사람들이 왔다. 적은 진안에 들어가서 산림을 불태우고, 촌민 다수를 잡아갔다고 한다.

7월 9일   소나기가 왔다. 도롱이를 쓰고 돌 위에 쭈그리고 앉아 있노라니 괴로움을 형언하기 힘들다.

7월 10일   골짜기 속 시냇가에서 잤다.

지금 무엇을 하고 있는가? 마음이 편치 않았을 것이다.

7월 11일   산속 바위 밑에서 잤다.

7월 12일   이른 아침에 사람을 보내 소식을 탐지하게 했다.

7월 15일   저녁에 들으니 나주 목사 권율[18]이 군사를 거느리고 이곳으로 온다고 한다.

금산에서 왜군의 전주 진격을 막아낸 장군은 권율이었고, 당시 그의 직함은 광주 목사였다.

7월 17일   종을 석천암에 보내 양곡을 운반하게 했다.

7월 19일   산속 바위 밑에서 잤다. 이 산의 이름은 영추산이다. 멀리 지리산을 바라보고 있다.

7월 21일   진안의 적은 모두 금산으로 돌아갔다.

7월 23일   평양이 함락되어 임금의 수레가 용천으로 들어갔다고 한다.

7월 26일   좌도에서 의병이 구름처럼 일어나고 있다고 한다. 이순신, 이억기가 함께 나가 적선 80여 척을 사로잡고, 700여 명의 수급을 베었다고 한다.

임금은 계속 도망가기 바쁘고, 전라도의 의병과 수군이 마지막 거점인 전라도를 지키고 있었다.

7월 29일   평양 전투에서 적이 크게 패퇴했다고 한다.

8월 1일　종들이 바위에 의지하여 쭈그리고 앉아서 밤을 새웠으니 불쌍하다.

8월 2일　오후에 비가 내리더니 밤이 깊어도 그치지 않는다. 주인의 형과 종일 대화했다. 오후에 고을 선비 박이항이 영남 초유사 김성일의 글을 가지고 왔다.[19]

초유사 김성일의 글은 장문이었다. 그중 몇 구절은 오희문의 가슴을 후벼 팠을 것이다. 너, 지금 뭐 하는 건가?

적이 오기 전에 선비들과 백성들이 모두 달아나 산속에 숨어 엎드려 구차히 살아날 계획만을 하니, 수령에게 백성이 없고 장수에게 군사가 없다면 장차 누구와 함께 적을 막겠는가? 퇴계 이황과 남명 조식 두 선생께서 도학을 창명하여 사람들의 마음을 맑게 해주어 사람들이 성현의 글을 읽었는데, 하루아침에 변을 당하자 오직 사는 것만 노리고 죽음을 피하기에만 급급하니 200년 내려온 종묘사직을 어찌 적의 손에 넘겨줄 수 있겠는가?[20]

그랬다. 부산과 동래가 무너지고 신립이 패전하고 왕마저 도성을 버렸으니, 누가 이 나라를 지키고, 누가 이 나라를 구할 것인가? 김성일은 이렇게 적었다.

지난달 29일에 직산에서 남쪽으로 달려가 이달 5일에 공주에 도착했습니다. 대가가 서쪽으로 갔다는 소식을 전해 듣고는 북쪽을 바라보고 통곡했습니다. 본도가 함락된 후 병졸과 장수 모두가 산속으로 들어가 새나 짐승처럼 숨어 있습니다.[21]

김성일의 보고서에는 1592년 당시 조선의 사회경제적 토대가 파탄났음을 고백한 구절이 나온다.

부역이 무거워 백성들이 살 수 없는 데다가 형벌마저 가혹합니다. 군졸과 백성이 품은 원망은 하늘을 찌르는데, 호소할 길이 없습니다. 왜국은 군역과 요역이 없다는 말로 우리 백성을 꼬드기고 있습니다. 어리석은 백성들이 왜적의 말을 믿어 항복하면 살고 싸우면 죽는 것으로 여깁니다.[22]

김성일에게 묻고 싶다. 왜 일본이 조선을 침공하지 않을 것이라고 장담하셨던가? 일본이 조선을 침공할 것이라고 보고할 경우 조정이 혼란에 빠질까봐 말을 아꼈다고요? 1592년 6월 18일 선조에게 제안한 민생 개혁 8개 조항을 왜 1591년도에 제안하지 않았던가요?

소 잃고 외양간 고치기였다고 비아냥대지는 말자. 아무리 시기를 놓친 개혁이라도 개혁은 좋은 것이다. 그래도 김성일은 솔직한 선비였다. 늦었지만 백성의 고통스러운 호소에 귀를 기울일 줄 아는 선비였다.

지금 만약 요역을 경감하고 부세를 가볍게 하며 형벌을 완화하겠다

고 약속하면, 그리하여 국가가 구습을 개혁하고 백성들과 다시 시작
하겠다는 뜻을 밝히면 백성들은 기뻐할 것입니다.[23]

선조, 너 어쩔 것이여?

오희문의 일기는 전쟁뿐만 아니라 민중들의 삶을 생생하게 기록하고
있다. 처와 자식을 버리고 도망한 아버지, 자식을 버리고 달아난 어머
니, 죽은 어머니의 젖을 만지면서 우는 아이. 임진년에는 걸식자가 많
았으나 다음 해에는 모두 굶어 죽어 살아 있는 사람이 하나도 없었다
고 한다. 전염병은 사람들의 목숨을 추풍낙엽처럼 쓸어갔다. 백성의 생
활은 참담의 극에 달했다. 사람이 사람을 잡아먹기까지 했다고 한다.
오희문은 과거에 급제하지는 못했으나 양반이었다. 많은 친인척이 지
방관을 지내고 있었다. 그는 또 수많은 노비를 거느리고 있었다. 『쇄미
록』은 노비들의 실태 보고서였다.

시인 서산과 허균

눈 내린 들판을 밟아갈 때에는
그 발걸음을 어지러이 하지 마라
오늘 걷는 나의 발자국은
반드시 뒷사람의 이정표가 될 것이니

천재 소년 운학이 소년 시절 공부한 것은 불경이 아니라 사서오경四書
五經이었다. 12세에 성균관에 입학했고, 늙은 스승을 만나 서당에서 열
심히 공부했다. 1534년 운학이 15세가 되는 해 중종은 알성시를 열었
다. 알성시란 임금이 성균관에 나아가 문묘에 재배를 올리는 것을 기념
하는 특별 과거 시험이다. 운학은 보기 좋게 낙방했다. 너무 어린 나이
아니었던가. 소년은 무척 마음의 상처를 입었나 보다. 모든 구도자에겐
아픔이 숨어 있다. 벼슬을 아무나 하나. 운학은 현실의 높은 벽에 절망
하고 현실을 버리기로 했다. 그래서 친구들과 지리산을 돌아다녔다.

지리산은 수행자의 산이다. 운학은 청학동을 찾았다. 상상의 새인 푸른 학이 나는 심산유곡 말이다. 운학은 푸른 학을 찾으러 다니다 작은 암자에서 도 닦는 도인을 만났다. 숭인 스님이었다. 흰 눈썹의 숭인 스님은 운학에게 출가의 계를 내려주었고 동시에 휴정이라는 법명을 지어주었다. 스님은 휴정의 불경 공부를 이끄는 안내자가 되어주었다. 휴정은 숭인 스님의 안내에 따라 한 권 한 권 불경의 오묘함에 빠져들었다. 만만치 않은 불경이었는데, 이미 사서오경에 통달한 휴정에게는 막힐 것이 없었다.[24]

숭인 스님은 휴정을 부용 스님에게 넘겨주었다. 부용 스님은 지리산 일대에서 불도가 가장 깊은 스님이었다. 지리산의 생불이라고 불린 스님이었다. 휴정은 스승 복을 타고난 분이었다. 조선 불교의 최고 스님들을 스승으로 모시고 공부하게 된 것이다. 어느 날 밤, 휴정은 두견새 울음소리를 듣고 선정에서 깨어났다. '문득 창밖의 두견새 울음소리를 들으니, 눈에 비치는 봄의 산이 다 내 고향이로다.' 또 며칠이 지난 어느 날, 냇가에서 물을 길어 돌아오는 길에 멀리 구름에 싸인 산들을 바라보다 문득 깨달음에 들었다. '물을 길어 절로 돌아오다 문득 머리를 돌리니 푸른 산이 흰 구름 속에 있네.' 이것이 서산대사 휴정의 출가 시다.

3년 동안 부용 스님의 지도 아래 용맹정진한 휴정은 스승의 품을 떠나기로 했다. 새로 찾아간 스승은 학묵 스님이었다. 학묵 스님은 경전 공부와 참선 공부를 겸비한 대단한 선지식이 있었다. 8년의 세월이 흘렀다. 휴정은 어느덧 27세의 청년이 되었다. 휴정은 지리산에서 출가하여 깨달음을 얻어 부처가 되었다.

휴정, 시대의 부름에 응하다

휴정의 수행기는 크게 3기로 나눌 수 있다. 수행 1기는 최초의 깨달음을 얻는 지리산 수행기다. 수행 2기는 돈오頓悟한 이후 점수漸修의 수행 기간이요, 금강산 수도 시기다. 수행 3기는 묘향산에서 제자들을 길러내고 임진왜란 당시 중생을 구제하던 시기다. 휴정이 천하 절경인 금강산 향로봉에 올라 대장부의 호연지기浩然之氣를 읊은 '등향로봉登香爐峰'은 가히 빼어난 작품이다.

만국의 도성은 개미집 같고
천추의 호걸들은 초파리와 같구나
밝은 달 아래 맑은 허공을 베개 삼으니
한없는 솔바람의 곡조가 아름다워라

서산대사는 조선의 명산을 두루 다녔다. 지리산과 금강산과 묘향산에 대한 그의 평가가 참 재미있다. '지리산은 웅장하나 아름답지 않고, 금강산은 아름다우나 웅장하지 않고, 묘향산은 웅장하기도 하고 아름답기도 하다.' 지리산밖에 모르는 우리는 서산대사가 아는 조선의 절반도 모르는 셈이다. 서산대사는 유교와 불교를 아우르는 큰 스님이었다. 『선가귀감禪家龜鑑』이 그 사실을 말해준다. 동시에 서산대사는 명시를 남긴 시인이기도 했다. '80년 전에는 저것이 나이더니, 80년 후에는 내가 저것일세.' 또한 우리는 그가 위난에 처한 나라를 구하기 위해 몽둥이를 들고 나선 의로운 스님임을 잊지 않는다.

'민족의 운명이 위태로우니 어찌 우리 승려도 나라의 은혜를 저버릴수 있겠는가. 이 늙은 스승인 서산이 앞장서서 적진에 뛰어들어 도탄에 빠진 백성과 나라의 운명을 구할 것이니, 승려들은 지체 없이 창검을 들고 전쟁터로 나아갈 때가 왔다. 내가 살자고 남을 죽이는 것은 불자가 취할 자세가 아니나 살육을 일삼는 왜놈의 만행을 그대로 방관하는 것은 더더욱 승려가 취할 바가 아니다. 내 목숨을 버려 중생을 구하는 것이 부처님의 가르침이 아니고 무엇이겠는가.' 구구절절 올바른 말이었다. 나이 73세에 시대의 부름에 몸을 내던지는 것은 쉽지 않다.

서산대사의 세상 나이 85세. 그는 '내가 죽거든 의발을 해남에 두어라. 그곳은 두륜산이 있고 산 안에는 대흥사가 있다'는 유언을 마치고, 평소 참선하는 자세 그대로 결가부좌한 채 앉아서 숨을 거두었다.

"삶이란 한 조각 구름이 일어남이요, 죽음이란 한 조각 구름이 스러짐이다. 구름은 본시 실체가 없는 것. 죽고 살고 오고 감이 모두 그와 같도다."

자유로운 영혼, 허균

앞에서도 말했듯이 조선 500년 동안 문과에 급제한 1만 5000명의 선비들이야 여섯 살부터 암송하기 시작한 사서오경의 쓸모를 톡톡히 누렸겠지만 등용문을 통과하지 못한 수많은 서생들은 사서오경의 쓸모를 한 번도 맛보지 못하고 사서오경 때문에 청춘을 희생당한 고시생이었다. 사서오경은 훌륭한 고전이다. 그런데 사서오경이 시험 과목으로 선정되면서 사서오경은 출세의 도구로 전락했고 성현의 말씀은 개똥이 되었다.

등용문을 통과한 이들도 마찬가지였다. 왕에게 상소문을 작성할 때 상소의 서문을 화려하게 장식하는 수단으로 『서경書經』의 구절을 인용할 뿐이었으며, 왕의 윤허를 얻어내기 위한 방편으로 『춘추좌씨전春秋左氏傳』과 『사기史記』와 『자치통감강목』을 열거했을 뿐이다. 조선의 선비들은 사서오경 안에서만 놀았을 뿐, 사서오경 밖으로 나가려고 하지 않았다. 문과에 급제하지 못한 다수의 서생들은 사서오경의 한계를 보지 못하고 죽었고 문과에 급제한 선비들은 사서오경을 노리개로 갖고 놀기만 했다.

사서오경은 분명 위대한 고전이지만 이 세상이 어찌 사서오경대로 움직이던가? 모든 책은 죽은 이야기다. 살아 있는 현실을 이해하려면 책을 버려야 한다. 사서오경을 공부했으면 사서오경을 버려야 한다. 조선 역사 500년 동안 사서오경을 뛰어넘고자 하는 진정한 선비들이 없었다는 데 과거제의 폐해가 있다. 과거제는 능력 있는 청년들을 선발하는 합리적인 제도였지만 청년들의 사유, 청년들의 열정, 청년들의 창의를 가두어버린 사서오경의 감옥이기도 했다.

사서오경의 담장을 넘어 옥을 탈출한 선비가 있었다. 이름은 허균이요, 호는 교산이다. 서경덕과 이황으로부터 학문을 연마한 허엽이 허균의 아버지다. 22세의 나이로 문과에 급제한 허봉이 그의 형이며, 천재 여성 시인 허난설헌이 그의 누이였다. 유성룡에게서 경전을 배운 그는 보장된 출세 가도를 달릴 수도 있었으나 동인의 영수가 되는 길을 선택하지 않았다. 허균은 조선왕조가 주는 기득권을 반납하는 대신 파격과 자유를 선택했다.

1599년 허균의 나이 31세 때의 일이다. 처음으로 외직을 제수받아 지방관으로 나갔다. 황해도 황주였다. 허균은 본시 천대받는 기생들과 서얼들을 좋아했다. 정들었던 서울의 기생들을 황주에 초대하여 함께 놀았다. 딱 걸렸다. 5월에 황해도사가 되었는데 그해 12월에 파직된다.[25]

자유로운 영혼 허균이 예조정랑, 형조정랑 다 때려치우고, 다시 외직에 나간 것은 1604년, 허균의 나이 36세 때의 일이었다. 황해도의 조그만 산골 마을인 수안의 사또가 된 것이다. 그래도 한 고을의 수령이다. 마음에 드는 기생들과 매일 술이나 마시며 보낼 수가 있었다. 그 무렵 허균은 『반야심경般若心經』에 빠져 있었다. 석가모니불과 아미타불과 달마대사의 그림을 벽에다 걸어놓고 살았다. 도연명陶淵明과 이태백李太白과 소동파蘇東坡를 좋아했다. 허균에 대해 좋지 않은 소문이 돌았고, 한 점 미련 없이 허균은 자리를 버렸다.

허균에겐 네 명의 스승이 있었다. 아버지 허엽을 통해 서경덕의 기철학을 건네받았고, 유성룡으로부터 퇴계의 주자학을 전수받았다. 사명당은 허균에게 불교의 오묘를 가르쳐준 스승이었다. 또 한 분의 스승이 있었다. 손곡 이달이다. 당시 두보杜甫의 시를 비롯하여 당나라의 시를 배우고 익히는 것은 조선 선비들의 커다란 자랑이었다. 이달은 최경창, 백광훈과 함께 삼당시인에 손꼽히는 조선 최고의 시인이었다. 그런데 어머니가 기생이었고 첩이었다. 이달은 타고난 재주를 펼칠 수 없는 서얼이었다. 어려서부터 허균은 누이 허난설헌과 함께 이달로부터 시를 배웠다. 그러니까 허균의 두뇌에서는 가까이는 서경덕과 이황, 서산대사와 이달의 정신이 혼효되고 있었고, 멀게는 장자와 공자, 석가와 두보가 함께 어울려 놀고 있었다.

중국 문인과의 만남

|

1606년 주지번朱之蕃이 왔다. 주지번은 중국을 대표하는 일류 문인이자 학자였다. 누가 상대할 것인가. 조정은 바짝 긴장했다. 원접사 유근은 허균을 천거했다. 중국의 대표 선수 주지번을 상대할 조선의 대표 선수가 허균이었다. 주지번은 조선의 시문학에 깊은 관심을 보였다. 그는 허난설헌의 시를 요청했다. 허균은 죽은 누이의 시를 다 기억하고 있었다. 허난설헌이 남긴 시는 주지번을 매료시키기에 충분했다. 허난설헌과 허균은 시를 갖고 놀았던 한류의 원조였다.

가을 호수는 맑고 넓어 푸른 구슬처럼 반짝이는데
연꽃 깊숙한 곳에 목련 배를 매어두었네
님 만나고파 물 건너 연꽃 던지고는

행여 누가 보았나 종일 부끄러웠네.

– 허난설헌, 「채련곡采蓮曲」

'경솔하다, 경망하다, 예의 염치가 없다.' 조선 선비들이 허균에게 준 것은 욕설이었던 반면, 주지번은 허균의 시 세계에 푹 빠져버렸다. 주지번은 허균에게 신라시대부터 작성된 조선의 명시 시선을 요구했다. 허균은 즉석에서 술술 풀어주었다. 허균은 8일 만에 신라의 최치원부터 조선 당대 시인 124명까지 839편의 시를 엮어주었다. 주지번은 조선의 시에 매료되었다.

> "최치원의 시는 거칠고, 이인로의 시는 멋지오. 김종직의 시 '금강일출'은 빼어났소. ……나는 밤새도록 촛불을 밝혀놓고 그대 나라의 시를 보았는데 시들이 모두 굳세고 울림이 밝았소."[26]

1607년 3월 허균은 외직으로 나가는 꿈을 다시 이루었다. 삼척 부사에 임명되었던 것이다. 앞에는 푸른 동해가 넘실거리고, 뒤로는 설악의 봉우리들이 병풍처럼 서 있는 외딴 삼척은 세속의 티끌을 잊고 싶은 허균의 성정에 딱 어울리는 곳이었다. 허균은 읍내에 불당을 짓고 목탁을 두들겼다. 또 고발당한다.

> "삼척 부사 허균은 유가의 아들이나 불교에 빠졌습니다. 수령이 되었을 때에도 중들에게 음식을 먹였습니다. 중국의 사신이 왔을 때에도

방자하게 선담(禪談)과 불교를 논했습니다. 해괴하고 놀랍습니다. 청컨대 파직하고 습속을 바로잡으소서."[27]

백성의 울음, 시에 담다

우리는 허균을 모른다. 어쩌면 『홍길동전』은 허균의 걸림돌인지도 모른다. 허균은 소설가가 아니라 시인이었다. 유사 이래 최고의 시 평론가였다. 그래서 주지번이 허균에게 빠져들었던 것이다. 우리는 허균이 지은 『학산초담(鶴山樵談)』도 모르고 『국조시산(國朝詩刪)』도 모른다. 『성소부부고(惺所覆瓿藁)』는 어림도 없다.

허균의 정신은 시의 바다였다. 이 골 저 골 온갖 시의 계곡물이 내를 이루고 강을 이루어 마침내 도달한 시의 바다 말이다. 허균의 「호민론(豪民論)」이나 「유재론(遺才論)」은 한번 읽으면 이해할 수 있는 소품이다. 유배 시절 옛 추억을 더듬어 작성한 음식 요리서, 『도문대작(屠門大嚼)』도 오징어 씹듯 자근자근 씹어가며 읽으면 금방 재미를 느낄 수 있다. 하지만 정작 허균이 이룬 것은 시였다. 허균이 남긴 시는 조선 민족에게 가치를 매길 수 없는 정신의 보물로 남아 있지만 우리는 그 가치를 모른다. 시를 감상할 줄 모르고, 시인의 세계를 이해할 줄 모르며, 시평을 갖고 담론을 나눌 줄 모른다. 그러니 우리는 허균을 알 수 없다.

허균이 임진왜란을 맞은 것은 그의 나이 23세 때의 일이다. 1592년 4월 14일 허균은 홀어머니와 아내를 데리고 피란길을 떠났다. 아내는 만삭의 몸이었다. 7월 7일 함경북도 단천에서 아이를 분만했다. 7월 10일에 아내가 죽고 갓난아이도 곧 죽었다. 두보가 안녹산安祿山의 난으로 끌려가는 장정들, 장정을 잡아가려고 문을 두드리는 관리들, 울고 불고 흐느끼는 아낙네들의 울음소리를 시로 담았듯 허균도 당대의 현실을 직시했다.

본대로 적는 글

해는 지고 황폐한 마을 울고 있는 늙은 아낙네
머리는 서리처럼 엉클어졌고, 두 눈은 퀭했네
지아비는 빚을 갚지 못해 감옥에 갇혀 있고
아들놈은 도위를 따라 청주로 떠났네
집안은 전화에 휩싸여 기둥마저 타버렸고
산속에 숨느라 잠방이마저 잃었다네
썰렁한 살림, 살 기력도 없는데
관가 아전은 또 무슨 일로 대문을 두드리나

100년 만에 이룬 개혁, 대동법

전후 조선, 그들만의 나라

조선은 그들만의 나라였다. 노비들은 평생 고역만 지는 소와 말이었다. '양반들에게 시달리나 왜놈들에게 시달리나 그놈이 그놈이지.' 일부 지역에선 노비들이 왜군의 침공을 환영하는 경우도 있었다한다. 사대부들의 깊은 자성을 촉구하는 현실이었다. 전쟁이 터졌고, 보았다시피, 왕이 서울을 버렸다. 전쟁이 터졌고, 보았다시피, 사대부들은 모두 제 살길을 찾아 각자도생各自圖生했다. 이 형국에 종 명복이가 주인에게 대들고, 송이가 도망하여 숨어 사는 것이 무슨 강상의 윤리에 어긋나리오?

조선왕조는 왜놈의 모가지를 베어오는 군졸들에게 특진을 약속했다. 발등의 불을 끄기 위해서였다. 마찬가지로 왜놈의 모가지를 베어오는 노비들에게 면천免賤을 허여하겠다고 공표했다. 곽재우와 김덕령 같은 의병장들을 따라다니면서 왜놈들과 싸운 투쟁의 주역들은 모두 노비였다. 어, 이걸 어쩐담? 노비들이 모두 면천되어버리면 사대부들은 어찌 살아가야 해? 임진왜란 한복판에서 조선왕조는 요따위 논란을 벌였다.

"사노비만큼은 면천을 허락할 수 없다."
"공노비나 사노비나 다 같은 노비 아닌가?"
"사대부의 노비가 모두 면천되면 우리는 어쩌라고?"
"먼저 살고 보자. 우리가 살아야 노비도 부릴 수 있는 거 아녀?"[28]

사실 모든 전쟁의 수익자는 지배자들이고 모든 전쟁의 피해자는 민중이다. 전쟁을 일으켜 승리하면 모든 전리품은 왕과 장군들의 소유가 된다. 전쟁을 치르는 것은 공사판 노동보다 훨씬 힘든 일이다. 그런데 이 고역의 담당자는 직접 전투에 참가하는 군졸들, 군량미를 제공하고 운반하는 백성들이다. 죽어나는 것은 군졸이요, 백성이라는 거다.

임진왜란이 끝나고 150만 결의 토지가 황폐화되어 50만 결로 줄었다니, 도대체 어떻게 왕조가 굴러갔을까? 왕과 사대부야 그렇다 치고, 우리 백성들은 어떻게 끼니를 이어갔을까? 땅을 잃고 소작농으로 전락한 농민들이 가장 살기 힘들었을 것이다.

한번 살펴보자. 농민이 나라에 바치는 것이 셋 있다. 하나는 토지 소출의 10분의 1을 바치는 전세田稅요, 둘은 노동력을 제공하는 신역身役이요, 셋은 지방의 특산물을 임금님께 바치는 공물貢物이다. 자영농의 경우 소출의 10분의 1을 나라에 바치면 되지만 소작농은 소출의 절반을 지주에게 바쳐야 한다. 피땀 흘려 농사지으면 추수하는 들판에서 마름이 절반을 가져간다. 남은 식량으로 겨울을 넘기기 힘든 이 소작농을 관아의 아전들이 닦달한다. 임금님께 진상품을 바치라고.

이 공물이 호랑이처럼 무서웠다. 호환이야 한 번 겪는 재앙이지만 공물을 걷는 아전의 횡포는 해마다 반복된다. 거둬들이는 물목의 수가 수천 가지요, 거둬들이는 시기도 불특정하다. 부과하는 물목의 양과 값도 울퉁불퉁이고, 심지어는 생산되지도 않는 물목을 부과한다. 미칠 일이다.

그래서 생긴 것이 방납防納이다. 없는 물건 구하느라 애쓸 것이 아니라 그냥 맡기자는 것이다. 공물 납품업자, 줄여서 방납업자들은 한 수 더 뜬다. 짜고 치는 고스톱이 등장한다. 아전과 방납업자가 짜고 농민들에게 부과하는 공물의 액수를 지들 맘대로 높여 버린다. 아전들은 기일을 넘기는 농민들을 잡아다 곤장을 때리면 된다. '네 죄를 네가 알렷다.' 아버지가 매를 맞으며 죽어가는데 가만 앉아 있을 자식 없고, 지아비가 관아에서 시체가 되어가는데 가만 보고 있을 지어미 없다. 10년 동안 모은 재산을 끌어내 방납업자에게 바친다. 『조선왕조실록』은 당시의 무서운 현실을 똑똑히 기록하고 있다.

우리나라는 세稅가 가볍고 공貢이 무겁다고 선유들은 말했습니다. 고장에서 흔히 나는 것도 직접 납부하지 못하고 반드시 100배의 값을 주어 방납하고 있는 실정입니다. '우리나라는 서리 때문에 망한다' 한 조식의 말은 빈말이 아닙니다.[29]

애당초 공물의 물량 책정 과정에서 부호들은 관과 짜고 헐하게 공물을 부과받았다. 가난한 사람들은 관이 요구하는 대로 꼬박꼬박 공물을 바쳐야 했다. 부자는 많이 내고 가난한 사람은 적게 내는 것이 조세 정의일 터인데, 어찌된 놈의 세상인지 완전히 거꾸로였다. 부자들은 관리들에게 뇌물을 주고 납부해야 할 공물의 10분의 1만 냈고, 가난한 사람들은 납부해야 할 공물의 배를 바치는 것이 그 시절 조선의 실정이었다. 설상가상 공물의 폐에 방납의 폐가 추가되었다.

백성이 공물과 방납의 폐를 견디다 못해 도망을 간다. 그러면 남은 가족에게 공물을 대신 걷어들인다. 족징族徵이다. 가족 구성원 모두가 도망간다. 그러면 이웃 사람들에게 대신 거두어들인다. 인징隣徵이다. 그러면 한 마을이 모두 뿔뿔이 흩어지는 것이다. 150만 결이었던 조선의 토지가 임란 이후 50만 결로 줄었다니 참 이해하기 힘들었는데 이제야 조금 이해가 간다.

그래서 나온 것이 대동법이었다. 교과서에 나오는 대동법, 우리에게는 아무 감흥이 없었다. 공물을 쌀로 대납하게 했다는 것이 뭐 대단한 일인가? 아니었다. 특산물인 공물을 쌀이나 면포로 바치게 했다는 점도 중요하지만, 더욱 중요한 것은 공물의 납부 대상이 각 가호家戶에서 토지로 변모했다는 점이다. 토지 1결당 쌀 12말의 공물을 부과해야 하기에 대토지를 소유한 지주들은 이제 막대한 부담을 지게 되는 것이었다. 그래서 지주들은 고함을 지르고 아우성을 쳤다. 하지만 토지의 규모가 1결이 넘지 않던 대다수의 농민들은 이제 누구나 쌀 12말을 바치면 그걸로 끝이었다. 농민에게 이것보다 반가운 소식이 없었다. 그것은 가스펠, 복음이었다.

　대동법을 최초로 주장한 이는 조광조였다. 대동법의 실시를 강력히 주장한 이는 이이였다. 그러면 대동법을 실행한 최초의 왕은 누구일까? 광해군이었다.

불운한 왕, 광해

　　　　　조선시대에 양녕대군과 광해군은 특이한 존재였다. 세자나 왕의 자리에서 쫓겨난 경우 죽임을 당하기 일쑤였다. 왕위를 위협할 존재로 여겨졌기 때문이다. 고려 말 우왕과 창왕은 왕에서 쫓겨난 지 1년 만에 죽임을 당했고 조선 초 단종은 2년 만에 죽임을 당했다. 그런데 양녕과 광해는 천수를 누렸다. 양녕은 세자에서 쫓겨난 뒤에도 44년을 더 살아 세종의 형으로, 세조의 삼촌으로 영화를 누리다 69세에 세상을 떠났다. 광해는 왕에서 쫓겨난 뒤에도 19년을 더 살아 67세에 세상을 떠났다. 양녕처럼 영화를 누리지는 못했지만 제주도에서 편안한 삶을 살다 갔다.

　광해가 왕이 되는 과정은 순탄치 않았다. 그는 선조의 둘째 아들이었다. 그것도 후궁의 아들이었다. 순서대로라면 광해의 형인 임해군이 선조의 뒤를 이어야 했다. 조정도 임해군파와 광해군파로 나뉘어 갈등했다. 그런데 임진왜란이 일어난 직후 피란지인 평양에서 선조는 전격적으로 광해를 세자로 책봉했다. 군이 세자 책봉을 서두를 이유가 없었다. 그렇지만 선조에게는 계산이 있었다. 세자를 책봉하고 며칠 만에 선조는 분조分朝, 즉 왕권의 분할을 결정했다. 선조는 여차하면 명나라로 도망칠 생각이었다. 그 경우를 대비하여 서둘러 세자를 책봉하고 분조를 결정한 것이었다. 선조 자신은 명나라로 도망치고 세자 광해가 남아 나라를 지키게 하려는 계략이었다.

속 시원하게 왕위를 넘겨주면 될 일인데, 선조는 왕위에 대한 미련을 버리지 않았다. 평양성이 회복되자 선조는 분조를 없던 일로 해버렸다. 그런데 몇 달이 지나지 않아 왕이 충청도, 전라도 등지를 돌며 위무해야 하는 일이 생기자 다시 분조를 해서 광해를 내려 보냈다. 그리고 그 역할이 끝나자마자 다시 분조를 없던 일로 했다. 어렵거나 귀찮은 일이 생기면 광해에게 떠넘기고 권력만 누리는 선조였다. 그렇다고 화끈하게 광해를 세자로 인정한 것도 아니었다. 세자 책봉은 했지만 세자의 도장을 인정하지 않았다. 명나라에서 광해를 아직 세자로 인정하지 않았다는 이유에서였다. 다급한 사정에 세자 책봉은 했지만 내심으로는 세자로 인정하지 않은 것이었다.

임진왜란이 끝나고 8년 후 영창대군이 태어났다. 광해는 위기를 맞이했다. 후궁의 아들인 광해와 달리 영창대군은 정비인 인목왕후의 아들이었다. 영창대군이 세 살 되던 해 선조는 영의정 유영경과 은밀히 세자 교체를 협의했다. 선조는 끝내 광해를 불신했던 것이다. 그러나 선조는 일을 본격적으로 추진하지 못하고 사망했다.

왕이 된 광해는 두 개의 얼굴을 보여주었다. 광해는 왕위를 위협할 만한 세력을 가차 없이 제거했다. 즉위한 다음 해에 친형인 임해군을 죽였고 이어 아홉 살짜리 영창대군을 평민으로 강등해 강화도로 유배 보냈다. 그리고 끝내 죽였다.[30] 영창대군의 친어머니인 인목대비도 평민으로 강등하여 유폐시켰다. 왕권 강화를 위해 반인륜적 행위를 서슴없이 저지른 것이다. 이런 무리한 행동은 결국 심한 반발을 불러일으켜, 광해는 반란으로 쫓겨나고 말았다.

한편 광해는 임진왜란의 피해 복구를 과감히 추진했다. 임진왜란 직후 전국의 토지 면적은 전쟁 이전의 3분의 1로 줄어들었다. 가장 피해가 심했던 경상도는 전쟁 전의 6분의 1이었다. 토지를 조사하는 양전 사업과 버려진 토지를 개간하는 사업이 진행되었다. 토지 면적이 점차 늘어 54만 결에 이르렀다. 이후로도 양전 사업과 개간 사업이 계속 진행되면서 토지 면적이 인조 때는 90만 결, 숙종 때는 140만 결, 영·정조 때는 145만 결까지 증가하여 임진왜란 이전 수준을 거의 회복했다.

백성의 부담을 덜어주는 일도 시급했다. 광해군은 즉위한 그해인 1608년 5월 전격적으로 대동법 시행을 선포했다.[31] 현물의 공물 대신 쌀 16말(1.6석)만 거두겠다는 것이다. 물론 경기도에 한하는 조치였다. 경기도 백성들은 흥분했다. 백성들은 대동법을 대동법이라 하지 않고, 은혜를 베푸는 법, 곧 선혜법宣惠法이라 불렀다. 임금이 널리 백성들에게 내린 은혜의 법이라는 것이다. 그다음은 어떻게 되었을까? 반발의 소리가 도처에서 들려왔다. 나라가 망하는 꼴을 보려고 환장했냐! 국가 재정은 무엇으로 운영하느냐? 악다구니 소리가 높았다. 방납업자와 아전들이 시끄럽게 대동법의 폐해를 떠들었다. 대지주들이 목숨 걸고 달려들었다.

김육, 일생을 바치다

아주 더디게 아주 조심스럽게 대동법은 조금씩 확산되었다. 광해군이 반정으로 쫓겨나고, 인조 원년인 1623년에 강원도로 확대 실시되었다. 인조의 둘째 아들 효종이 즉위하자 다시 대동법이 거론되기 시작했다. 대동법의 르네상스를 일으킨 주인공은 누구인가? 바로 김육이다. 그는 대동법에 일생을 바친 조선 최고의 경세가라는 평가를 받는다. 임란 후 위정자들이 파탄 난 국가 재정만을 염려했던 것과 달리 김육은 도탄에 빠진 백성들을 먼저 구제해야 한다고 생각했다.

김육은 13세에 임진왜란을 경험했다. 피란 중에도 옷소매에 책을 넣고 다니면서 한시도 손에서 책을 떨어뜨리지 않았다. 전쟁통에 아버지가 돌아가셨다. 김육은 부모를 여읜 슬픔 속에서도 열심히 과거 준비를 했다. 김육은 1611년 증광별시에 합격했다. 그런데 특이했다. 김육은 조정에 나가지 않았다. 1613년 경기도 가평의 화개산 아래에서 가족과 함께 농사를 지으며 살았다. 처음에는 거처할 집이 없어 굴을 파고 살면서 낮에는 나무하고 저녁에는 송진으로 불을 밝혀 책을 읽었다고 한다. 난세에 몸을 숨기는 잠거潛居였다. 은신한 지 10년 만인 1623년 인조반정으로 서인이 집권하자 김육은 마침내 출사한다.

김식은 조광조와 함께 사약을 마셨던 선비였다. 김식의 4대손이 김육이었다. 조광조와 김식은 자신의 이념에 따라 세상을 개혁하고자 나선 이상주의자들이었다. 김육은 어려서부터 조상의 이런 경향에 깊은 영향을 받았을 것이다. 김육은 어려서부터 조광조와 김식의 이상 정치를 동경했을 것이다.

김육은 평생 중국에 네 번 다녀왔다. 첫 사행 때인 1636년, 그의 나이는 57세였다. 보통의 경우 동지사冬至使의 여행은 위험하므로 기피하는 사람이 많았다. 김육은 북경을 왕래하는 사행을 마다하지 않았다. 1646년에는 사은사謝恩使로, 1650년에는 대신 자격으로 북경을 왕래했다. 김육은 중국을 왕래하며 많은 것을 배우고 고민했다. 그가 여느 성리학자들과 달리 실용적인 사회개혁 정책을 추진한 것은 남다른 삶이 있었기 때문이다.

1638년 7월 김육은 충청도 관찰사가 되자 대동법의 시행을 건의했다. 대동법은 가장 합리적인 세법이었다. 대동법은 토지 1결당 백미 12두만 납부하게 하는 세법이다. 그동안 온갖 명목으로 잡다하게 거둬들이던 조세를 일거에 형평하게 만드는 세법이다.

그런데 대동법은 1608년 경기도에서 이미 실시된 적이 있었지만 전국적으로 확대되지는 못했다. 이런 상황에서 1638년(인조 16년) 김육이 충청감사로 제수되면서 대동법 시행을 강력하게 건의한 것이다. 김육은 대동법이 백성을 구제하는 방편인 동시에 국가 재정 확보에도 도움이 되는 시책이라고 생각했다. 그러나 대동법이 국가 재정을 축내는 세법이라고 생각하는 반대자들이 많아 진전이 없었다.

효종의 등극과 함께 김육이 우의정에 제수되었다. 김육은 효종에게 구체적인 수치를 제시했다.

"대동법은 신역을 고르게 하여 백성을 편안케 하기 위한 것입니다.

지금 만약 대동법을 시행하면 매 1결마다 10두를 냅니다. 별도의 잡

세를 일체 걷지 않습니다. 양호兩湖 지방의 전결이 모두 27만 결로 목

면이 5400동이고 쌀이 8만 5000석입니다."[32]

김육은 효종에게 충청도와 전라도에도 대동법을 실시할 것을 건의했
다. 역시 반대자가 많았다. 김육의 견해에 동조하는 사람은 조정에서
소수였다. 서인의 원로 김집이 반대했다. 김집이 누구인가? 김집은 서
인의 영수였다. 위로는 그의 아버지 김장생이 율곡 이이의 제자였고,
아래로는 송시열과 송준길이 그의 제자였다. 김집의 가문은 서인의 최
고 명문가요, 김집은 서인의 영수였던 셈이다. 김집과 송시열의 반대
에도 불구하고 효종 2년 호서지방에서도 대동법이 실시되었다. 김육은
만족하지 않고 호남으로도 대동법을 확대하려 했다. 1658년(효종 9년)
호남지역에도 대동법이 실시되었다.

대동법은 양반 지주들과 서인 산당 세력들의 반대에도 불구하고 조
금씩 확산되었다. 1666년 함경도에 확대 실시되었고, 1677년에는 경
상도에 처음 실시되었으며, 1708년 황해도에도 실시되었다. 대동법이
처음 시행되었던 광해군 즉위년(1608년) 이래 1708년 마침내 조선 8도
에 대동법이 시행되었으니, 하나의 개혁이 정착하기까지 만 100년이
걸린 셈이다. 대동법의 시행은 역사의 도도한 흐름이었다.

6

호란과 북벌

두 번의 호란

임진왜란 이후 전쟁을 벌인 세 나라 중 두 나라의 정권이 바뀌었다. 일본에서는 도요토미 히데요시가 죽고 도쿠가와 이에야스德川家康 정권이 들어섰다. 중국에서는 청나라가 일어나 명나라를 멸망시켰다.

급변하는 정세 속에서 광해군은 중립외교를 펼쳤다. 명나라가 후금을 공격하면서 조선에 파병을 요청하자 조선은 눈치를 보았다. 전세가 후금에게 유리해지자 강홍립이 후금에 투항했다. 파병할 때부터 세운 작전이었다.

1623년 광해군을 몰아내는 반정이 일어났다. 대신 선조의 손자 인조가 왕이 되었다. 인조반정이다. 인조는 광해군과 달리 후금에 대해 노골적인 적대 정책을 펼쳤다. 1627년 후금이 쳐들어왔다. 인조는 강화도로 도망을 갔고, 주화파 최명길의 의견에 따라 화의를 맺었다. 후금과 형제의 나라가 되었다. 정묘호란이다.

후금은 세력이 더욱 커졌다. 1636년 후금은 국호를 '청'으로 바꾸고 조선에 군신 관계를 요구했다. 청 태종은 다시 침략해왔다. 조정은 당황했다. 인조는 남한산성으로 들어갔다. 45일 동안 남한산성에서 버텼지만 1637년 1월 30일 인조는 항복했다. 통곡 소리가 산성 안을 가득 채웠다. 인조는 세자와 함께 남한산성을 나가 삼전도에 가서 아홉 번 머리를 조아렸다. 청나라는 소현세자와 봉림대군을 인질로 데려갔다. 병자호란이다.

북벌론, 이데올로기

인질로 잡혀간 소현세자와 봉림대군이 돌아왔다. 9년 만이었다. 소현세자는 중국에서 서양 문물을 견문했다. 소현세자는 북경에서 서양인 애덤 샬Adam Schall과 교류했다. 소현세자는 서양 문물을 받아들여 조선을 발전시키겠다는 생각을 품고 귀국했다.

그러나 인조는 소현세자를 싫어했다. 소현세자는 귀국 두 달 만에 돌연 사망했다. 인조가 독살한 것이다. 인조는 소현세자의 아들마저 제거했다. 인조는 소현세자 부자를 제거한 뒤 둘째 아들인 봉림대군을 세자로 책봉했다.

봉림대군은 소현세자와 생각이 달랐다. 그는 아버지 인조가 삼전도에서 당한 수모를 잊지 않겠다고 다짐하고 청나라에 대한 복수를 맹세했다. 1649년 인조가 죽고 봉림대군이 왕위에 올랐다. 효종이다. 효종은 고위 관료들에게 국가 시책에 관한 의견을 물었다. 그때 송시열이「기축봉사己丑封事」를 올렸다. 송시열은 인조가 당한 수모를 씻는 일은 왕과 아버지의 원수를 갚는 것이라고 했다.

효종은 송시열과 손잡고 '북벌'을 추진했다. 병자호란 때 끝까지 청나라와 싸우자고 주장한 김상헌 등 삼학사를 추앙했다. 명나라가 없는 시기 조선이 유일한 문명국인 '소중화小中華'임을 자부했다. 군비를 증강하고 군사 훈련을 실시했다.

'북벌'은 이데올로기였다. 북벌에 반대하는 자는 인륜을 저버린 소인배로 취급되었다. 북벌론을 통해 효종은 왕권을 강화할 수 있었고, 송시열은 서인의 지배권을 확고히 할 수 있었다.

7

두 얼굴의 송시열

괴이한 선비

퇴계는 16세기가 열리던 1501년에 태어나 1570년에 타계했다. 퇴계가 16세기를 대표하는 선비였다면 17세기를 대표하는 선비는 송시열이었다. 송시열은 1607년에 태어나 1689년 타계했다. 퇴계가 연산군대에 태어나 중종과 명종을 거쳐 선조대에 그의 뜻을 이루면서 네 명의 왕과 인연을 맺었다면, 송시열은 선조 말년에 태어나 광해군과 인조, 효종과 현종대를 거쳐 숙종대에 죽었으므로 무려 여섯 왕과 인연을 맺은 것이다. 퇴계 이황의 초상은 가냘프다. 그런데 우암 송시열의 초상은 강직하다. 굳게 다문 입술, 깊게 팬 주름, 흰 수염, 당당한 풍채가 사람을 압도한다. 49세, 한창 일할 젊은 나이에 유명을 달리한 율곡과 달리 송시열은 83세에 타계했으므로 드물게 장수한 선비다. 하지만 매화에 물을 주라는 부탁을 하고 명을 달리한 퇴계와 달리 송시열은 임금이 주는 사약을 마시고 죽었다.

싫든 좋든 17세기 한국사가 비켜갈 수 없는 인물 송시열. 그는 참으로 괴이한 인물이다. 문하에 들어가 배울 스승이 없었던 퇴계나 율곡과 달리 우암 송시열은 스승 복을 타고났다. 1625년 송시열은 김장생의 문하에서 성리학과 예학을 배웠고 1631년 김장생이 죽은 뒤에는 김장생의 아들 김집의 문하에서 학업을 마쳤다. 김장생은 율곡에게 공부한 서인의 대표 주자다. 김장생과 그의 아들 김집 문하에서 공부했으니, 송시열은 최고로 좋은 학맥을 탔던 것이다. 송시열이 17세기를 대표하는 서인의 영수로 부각된 것은 자연스러운 일이었다. 그런데 갱장과 개혁을 대표하던 율곡과 달리 송시열은 예학과 보수를 대표했다. 17세기의 서인은 율곡의 학통을 계승했지만 그들의 실상은 퇴계의 보수를 이어받은 당파였다. 괴이한 일이었다.

1649년 인조가 붕어하고 효종이 즉위했다. 송시열의 나이 43세였다. 효종은 사부 송시열을 곁에 두고 싶어했다. 효종은 즉위하자 원로들을 초빙했고 호란의 치욕을 갚기 위해 와신상담臥薪嘗膽의 뜻을 밝혔다. 송시열은 그 유명한 「기축봉사」로 화답했다. 북벌이야말로 국가의 대의라고 천명했다. 명나라에 대한 의리를 지켜라. 오랑캐의 나라 청을 배격하라. 인조가 당한 치욕을 복수하라. 송시열은 일약 북벌의 스타로 떠올랐다. 하지만 효종과의 인연은 짧았다. 채 1년도 지나지 않아 송시열은 사직하고, 다시 고향으로 돌아가 버렸다. 무슨 일인가?

17세기 공물의 방납으로 백성이 큰 고통을 당했음은 누구나 아는 상식이었다. 그래서 새로 보위에 오른 왕은 백성에게 선물을 주는 마음으

로 대동법을 실시했다. 1608년 광해군 즉위년에 경기도에 대동법을 실시했고, 인조 역시 원년인 1623년 대동법을 강원도에 확대 실시했다.[33]

인조가 죽고 새로 보위에 오른 효종도 백성에게 큰 선물을 해야 했다. 김육이 대동법의 확대를 주청한 것은 너무 당연한 시대적 요구였다. 김육이 주도하는 대동법의 확대에 대해 송시열의 스승 김집이 반대했다. 아주 거친 말이 오갔던 모양이다.[34] '저런 소인배하고는 같은 조정에 머무를 수 없다'며 김집은 사직했다. 이때 송시열은 김집이 자신의 스승이라는 이유로 김육의 대동법을 반대한다. 스승은 스승이고 제자는 제자다. 스승의 결정이 올바른 것인가 잘못된 것인가를 먼저 분별해야 하지 않는가? 송시열의 사직과 낙향, 괴이한 일이었다.

효종은 1653년 송시열에게 충주 목사의 직을 제수한다. 송시열은

따르지 않는다. 효종은 1654년에 동부승지의 직을 제수한다. 송시열
은 따르지 않는다. 1655년 송시열은 모친상을 당했고 내내 은둔한다.
서경덕과 조식은 처음부터 끝까지 출사를 거부한 은일이었다. 송시열
도 생애의 대부분을 은일했다. 그런데 우리에게 송시열은 17세기 조선
조정을 들었다 놓았다 한 맹렬한 투사로 인식되고 있다. 참 괴이하다.
1649년부터 1659년까지 효종 재위 10년 동안 송시열이 조정에 나간
시기는 채 1년이 되지 않는다.

　송시열에 대한 효종의 대우는 극진했다. 왕이 사관과 승지를 멀리한
채 독대한 신하가 송시열이었다. 한번 낙향한 송시열은 한사코 임금의
부름을 거절했다. 이유는 노모를 모셔야 한다는 것이었다. 효종의 사랑
은 짝사랑이었다. 효종은 거듭해서 송시열에게 관직을 내렸고 송시열
은 그때마다 사양했다. 효종의 구애는 계속되었다.

　1658년 7월 효종의 간곡한 부탁으로 송시열은 마침내 관직에 나갔
고, 9월에는 이조판서에 임명되었다. 12월에는 북벌 때 입으라며 담비
로 만든 털옷을 하사할 정도로 효종은 그를 신임했다. 그런데 효종은 1
년도 되지 않아 서거했다.

　효종은 일편단심 북벌이었다. 북벌만이 아버지의 치욕을 갚는 효행
이었다. 북벌만이 인질 생활 9년 동안 형과 동생이 겪었던 모욕에 대한
복수였다. 효종은 즉위 원년에 와신상담할 것을 포고했고 약속을 지켰
다. 효종은 술과 여자를 멀리했다. 송시열이 「기축봉사」에서 요구한 그
대로 검소하게 살았고 감정을 절제했다. 효종은 군대를 확대했고, 군사
훈련을 다그쳤다. 북벌의 그날만 기다린 왕이 효종이었다.

그런데 송시열은 달랐다. 송시열은 은근하게 우회적으로 효종의 북벌을 반대한다. 주자朱子에 따르면 군사를 늘리는 것은 쉬워도 군사를 유지하는 것은 어렵다면서 말이다. 군사를 늘린 뒤에 어떻게 군량을 대려고 하는가. 송시열은 추궁했다.

뻘쭘해진 효종, 움츠러든다. "훈련도감의 군대가 4000여 명뿐이어서 5000명을 채우려는 것이다." 효종은 내심 섭섭했을 것이다. 송시열, 당신, 북벌을 하자는 거여, 하지 말자는 거여? 말마다 주자로 시작하는 사람, 퇴계보다 더 주자에 빠진 사람, 당신은 주자의 신하인가, 조선 왕의 신하인가?

송시열은 방납의 폐를 시정하라고 효종에게 주문하고는 정작 효종이 대동법을 확대 실시하자 반대표를 던졌다. 대동법을 둘러싸고 송시열이 보인 행태는 이중적이었다. 예론의 대가답게 민생보다 사제의 의리를 중시한 것이다. 또 송시열은 내내 북벌을 강조하다가 정작 효종이 북벌을 감행하고자 했을 때는 손사래를 흔들었다. 송시열은 알다가도 모를 인물이었다. 또 예송논쟁은 어땠나?

예송논쟁

1659년 효종이 죽었다. 왕의 상례는 왕의 예법에 따르면 된다. 효종이 장자가 아니고 차남이기 때문에 효종의 계모 자의대비는 1년 복을 입어야 한다는 송시열의 생각은 상식과 맞지 않았다. 깊이 생각할 것 없다. 그냥 상식에 입각하여 판단하면 된다. 지금 자의대비는 왕의 상을 치르는 것이지 둘째 아들의 상을 치르는 것이 아니기 때문이다. 송시열이 효종에게 「기축봉사」를 올린 것은 왕에게 올린 것이지 인조의 차남에게 올린 것이 아니지 않았던가? 누가 보아도 당연한 것을 송시열이 차남의 상을 치러야 한다고 결정한 것은 흔히 공부 좀 많이 한 사람들이 빠지기 쉬운 현학의 오류였다. 그놈의 『주례周禮』니 『의례儀禮』니 하는 예법이 무슨 상관이란 말인가? 송시열이 신주단지처럼 모시는 주공의 예법이 무슨 상관이냐는 말이다. 주나라는 기원전 1000년에 들어선 청동기시대의 나라였다. 그 시절 정해놓은 의례를 2500년이 더 지난 시기에 중국도 아닌 조선에 그대로 적용한 송시열의 사고, 얼마나 시대착오적인가?

윤휴가 송시열의 결정에 대해 이견을 냈다. 자의대비는 3년 복을 입어야 한다고 주장했던 것이다. 송과 윤의 견해가 다를 수 있다. 제사상을 차리면서 얼마나 사소한 차이로 말다툼을 많이 하던가? 그런데 상례의 차이를 놓고 상주들끼리 서로 멱살을 잡고 고성을 지르며 주먹다짐을 한다면, 이것은 아니다. 삶과 죽음의 의미를 무겁게 새기기 위해 지키는 상례 때문에 오히려 상주들이 패싸움을 한다면 그런 상례는 불질러버려야 한다.

의견이 다르면 의견을 모으면 된다. 세종은 공법을 바꾸기 위해 전국적으로 17만여 명 이상의 사대부와 백성들의 의견을 모았다. 1년 상이냐 3년 상이냐를 놓고 의견이 분분하면 의견을 모으면 된다. 퇴계는 고봉의 이의 제기를 부드럽게 받아주었다. 오랜 세월 편지를 주고받으며 고봉의 뜻을 이해해주었고 존중했으며 자기 이론의 허점을 인정하기까지 했다. 송시열은 퇴계를 배웠어야 한다. 자기의 견해가 절대적으로 옳은 것이라 우길 일이 아니었다. 송시열은 먼저 상대의 의견을 존중하는 예법부터 배웠어야 한다.

예송논쟁은 아무짝에도 쓸모없는 소모적인 논쟁이었다. 도탄에 빠진 민중의 삶을 개선하는 것과 아무 관련이 없었다는 점에서 소모적이었을 뿐만 아니라 아무리 논쟁을 해도 결판이 나지 않는다는 점에서도 소모적이었다. 그래서 우리는 예송논쟁을 관념적인 논쟁이라 규정한다.

왜 이런 소모적인 논쟁에 소중한 정력을 낭비했을까? 이런 소모적인 논쟁은 흔히 당파의 두목 때문에 일어난다. 당파의 두목은 극단적인 원칙론을 좋아한다. 그래야 패거리를 규합할 수 있기 때문이다. 두목의 원칙을 따르지 않은 자는 본보기로 사문난적斯文亂賊으로 내몬다. 그럴수록 당파는 공고한 단결을 이룬다.

예송논쟁이 망할 놈의 논쟁이었던 것은, 이 논쟁을 경유하면서 사대부 사회가 결정적으로 경직되어갔기 때문이다. 인조반정 때만 하더라도 서인은 남인의 이원익을 영상으로 추대하여 연합정부를 구성하는 열린 태도를 보였다. 효종 즉위년에 서인의 한당 김육이 대동법을 강행할 수 있었던 것도 남인의 협조가 있었기에 가능했다. 예송논쟁을 거치면서 선비들은 다 같은 선비, 성리학자가 아니게 되었다. 1659년 기해예송과 1674년 갑인예송을 거치면서 당쟁은 공존 속의 경쟁이 아니라 상대를 죽이지 않으면 내가 죽는 적대적 전쟁으로 변질되었다. 1680년 서인은 송시열의 죽마고우 윤휴를 사문난적으로 몰아 죽였다.

윤선도의 소

윤휴에 이어 또 한 명의 논객이 송시열의 목에 칼을 들이댔다. 1657년(효종 8년) 71세의 노구를 이끌고 벼슬길에 다시 오른 윤선도가 그 논객이었다. 윤선도는 소를 올려 왕권의 확립을 강력히 주장했다.

"종통宗統은 임금(효종)에게 돌리고 적통嫡統은 장자(소현세자)에게 돌려보내야 한다고 송시열은 주장하는데, 어찌 종통과 적통을 나눌 수 있습니까? 아버지의 명령과 왕명을 받고 보위에 올랐어도 정통이 아니라면 세자가 가짜 세자라는 이야기입니까?"[35]

송시열의 말이 맞는다면 효종은 가짜 임금이 되고 그를 이은 현종도 가짜 임금이 된다는 이야기다. 무서운 공격이다. 송시열과 그를 따르는 서인 모두가 꼼짝없이 역적이 되는 순간이다. 간담이 서늘했을 것이다.

윤선도가 누구인가? 국어 시간에 「관동별곡關東別曲」을 배운 한국의 청소년들은 정철을 일개 문사로 알겠지만 그렇지 않다. 정철은 율곡과 더불어 서인 당파의 영수였다. 유성룡의 동인에 대항하여 가장 전투적으로 싸운 투사였다. 마찬가지다. 「어부사시사漁夫四時詞」를 배운 한국의 청소년들은 윤선도를 일개 시인으로 알겠지만 그렇지 않다. 그는 남인 당파를 대표하여 광해군대의 북인과 가장 전투적으로 싸운 투사였다.

윤선도는 30세의 나이에 성균관 유생의 신분으로 대북파의 영수 이

이첨을 격렬하게 규탄하는 그 유명한 「병진소丙辰疏」를 썼다. 1616년(광해군 8년)의 일이었다.[36] 상소장이 길어 줄여 옮긴다.

"지금 조정의 대소 신료들이 모두 이이첨의 패거리다. 성균관의 유생에서부터 고관대작까지 이이첨의 파당이 아닌 자가 없다. 왕께서는 깊은 궁궐에서 지내기 때문에 이이첨이 얼마나 권세를 휘두르고 있는지 모를 것이다. 과거는 선비들이 벼슬에 나가는 길인데, 모두들 합격할 꾀를 쓴다. 지금 과거장에는 권세 있는 자의 손을 빌려 누구누구가 합격했다는 말이 공공연하게 돌아다니고 있다. 그 권세 있는 자가 이이첨이다. 아, 이이첨의 도당이 날로 번성하고 전하의 형세는 날로 고립되고 있으니, 어찌 참으로 위태하지 않겠는가."

윤선도는 이 소장으로 온 집안이 패가망신할 것까지 각오했다. 1617년 윤선도는 함경도 경원의 깊은 오지로 유배됐다.

이웃집 개 짖는 소리 들리면
혹시라도 친구가 찾아왔을까 문을 열지만
높은 산 겹겹이 막혀 있으니
어찌해야 한잔 술 나눌 수 있으랴

외로웠을 것이다. 개 짖는 소리에 가슴이 설레는 것은 그만큼 외로움에 떨고 있다는 의미다. 그 깊은 오지에 오긴 누가 오겠어? 윤선도는 한창 피 끓는 나이인 30대에 무려 7년 동안 유배 생활을 했다. 불의를 참지 못하는 윤선도의 격정적인 천성이 유배의 외로움을 초래한 것이다.

윤선도는 1628년 42세의 나이로 별시 문과 초시에 장원으로 합격했다. 늦은 나이였으나 기쁜 소식이었을 것이다. 봉림대군의 스승이 됐다. 봉림의 나이 열 살 때 맺은 사제의 인연은 이후 6년 동안 지속되었다. 다시 1633년 윤선도는 증광시 문과에 급제했다.

1636년 윤선도는 고향 해남에서 왕이 항복했다는 비보를 접했다. 온 식솔들을 배에 태우고 서울로 올라가던 중이었다. 윤선도는 절망했다. 1637년 세상을 버리고 제주도로 가던 중 보길도를 발견한다. 이후 산이 깊고 물이 맑아 아름다운 섬인 보길도에 은거했다. 일대를 '부용동'이라 이름 짓고 집을 지어 낙서재라고 불렀다. 조상이 물려준 막대한 재산을 풀어 보길도에 유토피아를 건설한다. 12전각과 세연정을 짓고, 회수당과 석실을 지었다.

높은 파도 큰 물결 가운데서
우뚝 선 채 움직이지 않는구나
자미궁에 나아갈 마음 있거든
먼저 부끄러운 줄 알아야지

이후 10년 동안 윤선도는 보길도의 부용동과 금쇄동의 자연 속에서 은일한다. 자연을 벗 삼아 풍류를 즐긴 것이다. 보길도의 금쇄동은 무릉도원이었다. 고요하면서도 밝고 그윽하면서도 구름 안개 자욱한 금

윤선도는 대지주였다

───── 윤선도는 해남 일대의 대지주였다. 윤선도 집안이 소유하고 있는 고문서에는 병작농들과 체결한 전답안田畓案이 있는데, 문서는 매우 고압적이다. 지주는 경작인으로부터 토지 경작권을 회수할 수 있었기 때문에 농민들은 울며 겨자 먹기로 지주의 일방적 요구에 끌려갈 수밖에 없었다. 지주들은 약정된 지대만을 요구하지 않았다. 볏짚을 비롯한 여러 물품을 납부할 것을 문서로 약정했으며, 불만이 있을 경우 토지를 회수할 수 있다는 조항까지 명기했다. "모든 경작자는 매년 마른 짚을 한 마지기당 다섯 속을 납부한다. 이에 불응할 경우 경작권을 회수하여 타인에게 넘긴다"[37]고 전답안은 못 박았다.

쇄동은 귀신이 다듬고 하늘이 숨겨둔 비경이었다. 1651년 윤선도는 「어부사시사」를 지었다.

춘사 4

우는 거시 벅구기가 프른 거시 버들숩가,

어촌漁村 두어 집이 닛 속의 나락들락,

말가흔 기픈 소희 온간 고기 뛰노느다.

하사 2

년닙희 밥 싸두고 반찬으란 쟝만 마라,

청약립靑蒻笠은 써 잇노라 녹사의綠蓑衣 가져오냐,

무심無心흔 백구白鷗는 내 좃는가 제 좃는가.

추사 2

수국水國의 ᄀ슬히 드니 고기마다 솔져 잇다.

만경징파晩頃澄波에 슬키지 용여容與ᄒ쟈.

인간人間을 도라보니 머도록 더욱 됴타.

8

세 번의 환국

연이은 불판갈이

송시열은 재야의 왕이었다. 경복궁의 왕이 문무백관에게 녹봉을 하사하는 세속적 존재였다면 재야의 왕 송시열은 문무백관에게 이념을 제공하는 정신적 존재였다. 두 차례의 예송논쟁으로 15년의 역사를 소모시킨 송시열이 끝까지 효종을 차남으로 보아야 한다고 고집했던 이면에는 온 선비를 이끄는 정신적 구심점으로서 자신의 지위에 대한 확신이 있었을 것이다. 사대부들은 왕의 면전에서는 공손한 언어로 조아리며 겸양의 미덕을 한껏 높이지만 속내는 정반대였을 것이다. 적어도 17세기 조선은 신권이 왕권을 위압했던 군약신강君弱臣强의 나라였다.

숙종 하면 떠오르는 여인이 장희빈이다. 워낙 장희빈 드라마가 우리의 안방을 제집처럼 누빈 탓에 숙종은 우리에게 장희빈의 남자다. 그리고 장희빈에게 사약을 내린 왕이다. 그리고 조금 더 들어가면 숙종은 환국換局의 왕이다. 잠시 환국 정치를 정리하고 넘어가자.

숙종이 보위에 오른 해는 1674년 그의 나이 14세 때의 일이었다. 당시 조정은 갑인예송에서 승리한 남인이 장악하고 있었다. 남인의 영수 허적이 사실상 섭정을 했다고 보아야 한다. 6년의 세월이 지났다. 스무살의 숙종이 마침내 자신의 목소리를 내기 시작했다. 임금의 허락도 받지 않고 기름 먹인 천막을 무단 사용한 허적의 실수를 놓고 이상하리만치 숙종은 대로했다. 결국 숙종은 남인들을 모두 쫓아내고 서인들을 불러들였다. 1680년 경신환국이다. 6년 동안 쓰던 남인 불판을 서인 불판으로 교체한 것이다.

1680년 숙종의 비 인경왕후가 죽자 이듬해 숙종은 인현왕후를 비로 맞이한다. 인현왕후는 당연히 서인 가문 출신이었다. 이로써 서인은 왕비와 주요 관직을 모두 장악했다. 10년이 흘렀다. 주지하다시피 인현왕후는 후사가 없었고 1688년 장희빈이 아들을 낳았다. 경종이다. 서인은 장희빈의 아들을 세자로 봉하는 것에 반대했다. 또다시 숙종의 진노가 터졌다. 조정의 서인들을 다 쫓아내고 남인들을 불러들였다. 1689년 기사환국이다. 두 번째 서인 불판을 남인 불판으로 갈아치운 것이다. 9년 만에 터진 기사환국의 과정에서 숙종은 송시열에게 사약을 내린다.

달도 차면 이지러지든가. 왕비가 된 장희빈은 방자했다. 장희빈을 향한 숙종의 총애는 어느덧 염증으로 바뀌어가고 있었다. 숙종의 마음은 무수리 출신의 최씨(영조의 생모)에게 기울었다. 남인들이 최씨를 독살

하려 했다는 고변이 올라오자 숙종은 또다시 진노한다. 이제 남인들이 쫓겨나고 소론이 조정을 메운다. 1694년 갑술환국이다.

머리 아프다. 정리해보자. 숙종이 보위에 오르고 6년 만인 1680년에 터진 경신환국으로 남인에서 서인으로 권력이 넘어가고, 그로부터 9년 후인 1689년 기사환국으로 서인에서 남인으로 권력이 넘어가고, 다시 5년 후인 1694년 갑술환국으로 남인에서 소론으로 권력이 넘어간다. 권불십년權不十年이라 했던가? 10년을 넘기지 못하고 권력이 이 당파에서 저 당파로 넘어가는 이 현상을 우리는 어떻게 보아야 할까? 현종 때만 해도 그랬다. 현종은 아버지 효종의 상례조차 결정하지 못하고 신하들에게 질질 끌려 다녔다. 효종 역시 필생의 대업인 북벌을 서인들의 반대로 결행하지 못했다. 인조야 서인들의 쿠데타로 왕위에 올랐으니 더 이상 논할 것도 없다. 숙종은 달랐다. 달라도 너무 달랐다. 태종이나 세조 못지않게 왕권을 유감없이 행사했다. 그 비결이 무엇이냐?

원래 신권을 옹호한 당파가 서인이고 왕권을 옹호한 당파가 남인이다. 그렇다면 14세 소년 숙종을 애지중지 보위한 허적과 남인 신료들의 충성에 의해 왕권이 강화되었다고 볼 수도 있을 것이다. 웬걸. 그런데 그 남인들과의 동거가 6년 만에 깨진다. 조정은 신권주의자인 서인들에게 다시 넘어갔다. 경신환국 말이다. 왕비도 서인이었으니 교태전과 인정전 모두가 서인 일색이었다. 그런데 9년 후 이번엔 서인들이 꼼짝 없이 쫓겨난다. 기사환국이다. 장희빈의 권모술수가 양귀비 뺨칠 정도로 그렇게 신묘한 것이었을까? 이렇게 10년이 멀다 하고 권력의 불판이 엎어지는 것을 보면 숙종의 왕권은 결코 특정 당파에서 온 것이 아님을 알 수 있다.

경제의 성장, 민중의 힘

태종과 세조의 왕권이 병권에서 왔다면 숙종의 왕권은 어디에서 왔을까? 환국 정치의 드라마에서 숙종대의 변모된 농촌 풍경으로 잠시 눈을 돌려보자.

남도 들놀이

어라디야 저라디야 상사로세
이 농사를 어서 지어 나라 봉양을 하고 보세
앞산은 점점 멀어지고 뒷산은 점점 다가온다
이 배미 저 배미 다 심겄으니 장구배미로 넘어가세
다 되었네 다 되었어 상사소리가 다 되었네

숙종이 보위에 오른 1674년 무렵 조선의 농가에선 일대 혁신이 번지고 있었다. 바로 이앙법이었다. 볍씨를 논에다 직접 뿌리던 종전의 직파법을 버리고 이앙법을 선택하자 단위 면적당 소출이 두 배로 늘어났으며, 필요한 노동력은 절반으로 줄었다. 모내기를 하면 촘촘하게 모를 심을 수 있고, 김매는 품이 절반으로 줄어든다. 거기에 벼의 재배 기간을 단축함으로써 여름엔 쌀농사를 짓고 겨울엔 보리농사를 짓는 이모작이 가능했다. 꿩 먹고 알 먹고. 임진왜란 이후 땅은 황폐화되고 사대부들은 당파 싸움에 혈안이 되어 있을 때 나라를 다시 세운 이들이 있었다. 바로 농민들이었다. 그들은 땅을 정지하고 개간하고 수리 시설을 확보해서 이앙법의 혁신을 가능하게 했다.

뿐만이 아니었다. 농산물을 시장에 내다 파는 상업적 영농이 서서히 고개를 들기 시작했다. 농민들은 쌀을 팔아 면포를 구입해서 시세 차익을 노렸을 뿐 아니라 도시 근처에선 채소를 길러 내다 팔았고 담배와 인삼 같은 환금작물의 재배에도 눈을 떴다. 상품 생산의 증대는 시장의 확대를 낳았고 시장 확대는 다시 상품 경제를 촉진하는 현상이 증폭되어갔다. 아무도 모르게 조용히 세상이 바뀌고 있었다. 아래로부터 전개된 자연발생적 경제 발전을 폭발적 흐름으로 증폭시킨 것은 대동법이었다. 대동법은 고질적인 악폐를 시정한 것에 머물지 않았다. 대동법은 민생을 안정시켰을 뿐만 아니라 새로운 경제 관계의 출현을 촉발시켰다.

예를 들어 예전엔 궁궐과 관청의 소모품을 모두 백성의 가내수공업에 의존했다. 이제 농민들은 12두의 쌀을 내면 끝이다. 그러면 궁궐과 관청은 이 대동미로 소모품을 일괄 구입한다. 여기에서 변화가 촉발된다. 3000여 종의 소모품을 조달하는 업자와 공인貢人 집단이 형성되고, 공인 집단의 주문에 따라 소모품을 생산하는 전문 수공업자 집단이 형성된다. 이제 물물교환의 시대는 사라져야 한다. 국가와 공인 집단과 수공업자들이 기존의 화폐인 면포로는 더 이상 거래할 수 없는 상황이 조성된 것이다.

원래 인간의 경제활동에서 화폐는 혁명적인 발명품이었다. 화폐의 유익을 몰랐던 것이 아니다. 태종 때 이미 종이돈 저화를 유통시키려고 엄청나게 애를 쓰지 않았던가? 하지만 저화는 역사의 쓰레기가 되어 사라졌다. 이앙법의 도입과 그에 따른 농업 생산력의 증대와 이어지는 대동법의 확대 실시는 시장경제의 발달을 촉진했다. 이제 이 모든 경제활동을 맺어주고 이어줄 화폐의 등장이 요구되었다. 상평통보는 오랫동안 누적되어온 자연발생적 경제 발전과 대동법의 실시에 의한 역사적 산물이었다.[38]

상평통보는 일정 수준 발달된 상품 경제를 바탕으로 했다. 거꾸로 상평통보의 보급은 시장의 발달을 촉진했다. 1729년에는 5일장이 정착되었다. 17세기까지 조그만 포구에 지나지 않던 강경의 경우 18세기엔 금강 유역을 대표하는 큰 도회지로 변모했다. 17세기 후반 큰 강을 따라 배가 정박하는 포구는 모두 상업의 중심지로 바뀌었다.

세종 때인 1428년 서울 인구는 10여만 명 정도였는데 1670년대 서울 인구는 20만 명으로 늘었다. 서울의 미곡 소비량이 총 100만 석이었는데, 그중 60만 석이 경강상인에 의해 유입되었다. 1702년 한강엔

적게는 쌀 200석, 많게는 쌀 1000석을 실을 수 있는 경강 상선 300여 척이 떠다니고 있었다. 19세기 초 전국에 개설된 장시는 1052곳이었다. 이들 장시에서 거래되는 상품의 물목은 쌀, 콩, 보리, 면화, 면포, 마포, 어물, 소, 닭과 돼지, 연초, 철물, 솥, 그릇, 종이, 도자기, 목기 등이었다.

상평통보의 환율을 알아보자. 1678년 공정 교환율은 쌀 1석당 상평통보 4냥이었다. 국가에서 주조하여 보급한 상평통보는 총 450만 냥이었다.[39] 이 돈은 한 해 쌀 생산량인 1300만 석의 10분의 1인 130만 석의 가치였다. 1731년에서 1798년 사이 국가가 주조한 동전은 대략 500만 냥이었다.[40] 국가가 화폐를 주조하는 특권을 화폐주조권 또는 시뇨리지Seigniorage[41]라고 한다. 그러니까 숙종은 450만 냥, 즉 130만 석의 쌀을 시뇨리지로 확보한 왕이었다. 영조와 정조는 500만 냥, 즉 145만 석의 쌀을 시뇨리지로 사용한 왕이었다. 숙종이 유감없이 왕권을 휘두를 수 있었던 배경에는 대동법과 상평통보 그리고 보이지 않게 경제를 발전시켜온 민중의 땀이 있었던 것이다.

숙종과 강희제

1720년 숙종이 붕어했다. 46년간 왕 노릇을 했으니 대단한 일이다. 그의 아들 영조가 52년간 왕 노릇을 하면서 아버지의 기록을 깨지만 어쨌든 대단한 기록임에 틀림없다.[42] 보위에 오른 기간이 길었던 만큼 다사다난한 일을 많이 겪었던 왕이었고 그만큼 색깔이 뚜렷했던 왕이었다. 숙종은 적장자로 보위에 오른 몇 안 되는 왕들 중 유일하게 장수 왕이었다. 숙종은 1674년 14세의 소년으로 보위에 올라 1720년 예순의 나이로 훙했다. 그런데 옆 동네 강희제康熙帝는 1662년 9세의 어린 나이로 보위에 올라 1722년 68세의 나이에 훙했다. 무려 59년 동안 왕 노릇을 한 것이다. 숙종의 재위 기간은 강희제의 재위 기간과 오롯이 겹친다. 자금성의 주인 강희제와 창덕궁의 주인 숙종은 동시대를 경유한 셈이다. 그 시절 조선의 선비들은 청나라를 졸로 알고 자신들이 천하의 중심이라 자부했었다. 실상은 어떠했을까? 숙종대왕의 묘지문을 살펴보자.

아! 슬프도다. 이날 온 서울의 백성들이 궐하로 달려 나왔다. 왕의 영명함은 타고난 것이었으며, 기모는 맑고 엄숙했다. 왕은 학문을 좋아하고 평소에 손에서 책을 놓지 않았다. 왕은 일찍이 「경계십잠」과 「권학문」 등의 글을 저술하여 동궁東宮에게 내렸다. 왕은 검소한 생활을 숭상하여 절약했고, 간언을 따르기를 물 흐르듯 했다.[43]

조선의 민중은 슬픔을 함께 나누는 사람들이다. 임금이 서거했으니 그 슬픔을 나의 슬픔으로 여기고 모두들 대궐 앞으로 달려 나왔다는 것은 과장이 아닐 것이다. 이어지는 숙종의 영명함에 대한 서술은 그저 묘지문으로 간주하자. 왕은 학문을 좋아하고 평소 손에서 책을 놓지 않았단다. 사실 조선의 왕만큼 고단한 직업도 없었다. 열심히 공부하지 않으면 왕 노릇을 할 수 없다. 문과 급제자들과 논쟁하려면 웬만한 학식으로는 어림도 없다. 따라서 손에서 책을 놓지 않고 공부했다는 표현 역시 과장으로 보이지 않는다. 긴 묘지문에서 한 가지 눈에 띄는 구절이 있다.

> 신이 일찍이 명나라에서 하사한 도장을 얻어서 올렸는데, 즉시 이것으로 국보國寶로 만들라 명했다. 청나라가 준 국보를 사용하지 말고 이 국보를 전하라고 했으니, 만세의 자손들로 하여금 명나라의 은혜를 잊지 않게 하려는 것이었다.[44]

또 명나라 타령이다. 명나라가 조선을 도운 것은 고마운 일이었지만, 이후 뜯어갈 만큼 뜯어가지 않았나? 그 명나라가 역사의 박물관으로 들어간 해가 1644년이었고 이 묘지문을 작성한 시점은 1720년이다. 언제까지 죽은 자식의 불알을 만지고 있을 것인가? 정말 청이 오랑캐였던가? 마법의 양탄자를 타고 자금성에 가보자.

옆 동네 강희제도 그랬다. 어려서부터 사서오경을 탐독했고, 『주자전서朱子全書』를 암송하면서 자랐다. 왕위에 오른 후에도 틈만 나면 궁중에서 책을 읽었다. '한시라도 책을 가까이하지 않으면 마음이 흐트러진다'면서 하루 종일 손에서 책을 놓지 않았다. 숙종이나 강희제나 모두 동방의 철인 왕으로 성장한 것이다.

그런데 숙종과 다른 것이 눈에 띈다. 강희제는 서양 선교사들에게 개방적이었다. 동양과 서양, 두 문명의 교류사에 큰 획을 그은 선교사 마테오 리치Matteo Ricci가 그랬다. 마테오 리치는 동양인들의 제사를 인정한 선교사였고, 동양인들의 하느님 상제上帝가 기독교의 하나님God: Jehova과 다르지 않다고 말했다. 강희제는 서양인의 종교는 끝까지 받아들이지 않았으나 그들이 실어 나르는 과학 책자에 대해서는 매우 적극적이었다. 이 점이 숙종과 달랐다.

강희제는 선교사들로부터 역학과 천문학을 배웠고 역학과 천문학의 기초 학문인 수학까지 배웠다. 고대 그리스인들이 개척한 수학적 사유의 정수인 유클리드의 『기하학 원론』마저 배웠다. 강희제는 라틴어도 배웠다고 한다.[45] 선교사들은 어떤 유럽 군주보다도 뛰어난 황제가 강희제라며 입에 침이 마를 정도로 찬양했다.

고전 읽기 『쇄미록』

오희문에게 종은 교통과 운송 수단이었다. 생활에 필요한 모든 물자를 운송하는 것은 당연히 종의 몫이었다.

1593년 4월 9일　종 막정이 대흥 땅에 가서 쌀 10두, 콩 10두를 져왔다.

1593년 4월 15일　어질동이 홍주에 가서 물건을 찾아왔다. 백미 한 석, 보리쌀 한 석, 간장 세 두를 싣고 왔다.

1593년 5월 23일　춘이로 하여금 농막에 가서 보리를 가져오게 했다.

말은 종과 함께 필수 운송 수단이었다. 기름이 없으면 차가 굴러가지 않듯이 마초가 없으면 말이 걷지 못한다. 마초를 공급하는 것 또한 종들이 맡은 큰일이었다.

1592년 11월 20일　말 먹일 풀을 가져오도록 종과 말을 보령으로 보냈다.

1592년 12월 1일　종과 말을 부여로 보내 물자를 가져오게 했다. 말은 많고 풀이 없으니 걱정이다.

1593년 1월 3일　춘이를 최희선의 처가에 보내 마초를 싣고 왔다.

종들은 오희문의 수족이었다. 인근 마을의 친척에게 인사를 가려고 해도 종과 말이 있어야 했고, 아들 집에 갔다 오려고 해도 종과 말이 있어야 했다. 심지어 모르는 사대부가 집을 방문했을 때도 상대의 신원을 확인하는 일은 종의 몫이었다. 종이 없으면 걸어가지 못했고, 종이 없으면 편지를 전달하지 못했으며, 종이 없으면 안부 인사도 전하지 못했다. 종이 없으면 밥도 짓지 못하는 것이 사대부의 삶이었다.

오희문은 한술 더 떴다. 여름날 냇가에 나가 물고기를 잡는 것도 종을 시켰다. 이게 사람인가? "송노를 시켜 그물을 치게 하여 물고기 수십 마리를 잡았다." 물고기를 잡아다 주면 뭐? 요리를 못하는데.

1593년 4월 13일   윤해의 처를 시켜 회를 치게 하여 시냇가에 앉아 두 아이와 함께 먹고, 술 한잔을 마시고 돌아왔다.

그래도 천렵의 재미는 알았나?

1593년 6월 12일   나는 계당으로 가서 종을 시켜 그물질로 물고기를 잡게 하고, 종일 누워 쉬다가 돌아왔다.

종일 누워 쉬다 돌아왔단다. 종일 누워 쉬면서 소일한 것이 아니지요? 평생을 그렇게 누워 쉬며 살았잖아요? 회맛을 알았나 보다. 또 시냇가로 나간다.

1593년 6월 21일   소즐이 종을 데리고 물고기를 잡아 한 사발이 되었다. 회 쳐서 먹으면서 술 한잔을 했다.

오희문에게 종은 물건이었다. 하지만 종은 특수한 물건이었다. 종은 가치를 창조하는 노동의 주체였다. 종은 말을 하고 사랑을 하는 인격체였다. 어려서 한 집에서 먹고 자면서 종도 주인과 추억을 공유하기에 떨어져 있다가 오랜만에 만날 경우 애틋한 정을 주고받았나 보다.

오희문에게 종들의 와병은 이중의 아픔이었다. 누워서 끙끙 앓는 종들에게 변변한 약 한 채 달여 먹이지 못하는 주인의 무정함이 아픔으로 다가왔을 것이며, 일어서지 못하고 땅에 묻히는 종들을 보면서 인생무상의 아픔을 느꼈을 것이다.

1593년 6월 26일 종 동을비가 이질에 걸려 누워서 싸고 있다.

유독 애정이 가는 종이 있었나 보다. 어머니의 시중을 들러 왔던 종이 있었다. 천복 어미다. 성질이 순후한 천복 어미는 남편이 죽은 후 홀로 살면서 오희문의 어머니를 섬겼나 보다. 집안의 대소사를 모두 천복 어미가 거들었던 것이다. 오희문의 집을 출입한 지 50여 년이 넘었는데, 한 번도 게으름을 피우지 않았다고 오희문은 추억한다. 그런 천복 어미가 타계했다.

1593년 5월 8일 어머니께서 몹시 사랑하고 불쌍히 여겼는데 이제 비명에 죽었다니 슬프고 안타깝다.

여종 열금의 경우도 마찬가지였다.

1594년 12월 12~16일   지난밤에 늙은 계집종 열금이 죽었다. 병이 워낙 깊어 손을 쓸 수가 없었다. 오랫동안 찬 곳에 있으면서 먹는 것도 제대로 먹지 못했다. 가련하고 가련하다. 어릴 때에 잡혀 와서 부림을 받았는데, 70세가 지나도록 한 번도 도망가지 않았다. 길쌈도 잘하고 집안일도 부지런히 했으며, 조금도 숨기거나 훔치는 일이 없었다. 아침에 열금의 시체를 담아 내가 한산 가는 길가 양지 바른 곳에 묻어주었다. 가련하고 가련하다.

하지만 주인의 속을 썩이는 종들도 많았나 보다. 오희문의 입장에서 보면, 주인의 명령에 고분고분 따르지 않는 싸가지 없는 종이다. 그런데 종의 입장에서 보면 오희문은 어떤 존재였을까? 역지사지易地思之할 필요도 있다.

1593년 6월 23일   아침에 종 명복을 시켜서 풀을 베어 오라 했더니 명령에 순종하지 않고 불순한 말을 하여 발바닥을 때렸다.

'마당 쓸어라', '나무해 오라', '담장 고치라', '풀 베어 오라'. 혹 오희문이 지나치게 종을 혹사시킨 것은 아니었을까?

1593년 2월   안손과 명복이가 새벽에 일시에 도망했다. 두 종이 약속하고서 말을 타고 양식을 싣고 달아났다. 분통한 일이다.

종의 도망은 중대한 사안이었다. 면포 100필(2000만 원 상당)에 상당하는 재산이 유실된 것이다. 그러니 노비 주인은 당연히 분통이

난다.

도망간 노비를 수배하여 찾아내는 것을 추쇄推刷라 했다. 도망간 노비를 추쇄하기 위해 지방관의 협조를 요청하는 것을 칭념稱念이라 했다. 조선의 사대부들은 지연, 학연, 혈연을 통해 지방관들에게 도움을 청하는 칭념의 그물망을 형성하고 있었다.

1595년 6월 오희문의 종 송이가 도망했다. 때는 농사철이라 일손이 부족한 판에 송이가 도망했으니 주인 오희문은 오죽 괘씸하게 여겼겠는가. 오희문은 붙잡히는 날엔 이놈을 엄히 징치하리라 씩씩거렸다. 당시 정8품 벼슬에 있던 아들 오윤겸은 직산현에 송이의 체포를 부탁했다. 칭념을 넣은 것이다. 직산현 관아가 송이의 어머니를 포함하여 송이의 가족들을 모두 구금했다. 송이가 돌아온 것은 한 달이 조금 더 지난 후였다. 송이가 버티지 못하고 제 발로 나타난 것이다. 오희문은 통쾌하게 여기고, 송이에게 장 70대를 가했다.

그런데 일은 여기에서 끝나지 않았다. 1595년 8월 송이가 돌아오고 한 달이 채 지나지 않은 시점에 다시 송이가 도망했다. 이번에는 여종 분개까지 데리고 갔다. 오희문은 분통을 터뜨렸다. 잡히면 죽이리라 결심한다. 오희문은 먼 친척을 통해 함열 현감에게 송이의 체포를 칭념한다. 이듬해 4월엔 충청도 관찰사에게 칭념한다. 송이의 체포 공문을 직산에 보내도록 조치한 것이다. 두 차례의 추쇄는 모두 실패한다. 송이가 도망간 곳은 직산이 아니라 문경이었기 때문이다.

그 후 5년의 세월이 지났다. 1601년 2월 어느 날, 당시 홍문관 수찬이었던 아들 오윤겸이 문경 관아에 칭념을 넣었다. 마침내 도망간 노비 송이를 체포하는 추쇄에 성공한다. 송이는 함께 도망친 분개의 모친 집에 몰래 숨어 살고 있었다.

유형원은 이렇게 말했다.

우리나라의 풍속에서 노비에 대한 대우는 정말 인정머리가 없다. 노비들이 굶주리고 추위에 떨고 있는데, 노비의 궁핍을 구제하지 않는다. 오직 형법으로 제어하고 채찍으로 몰아대서 살리고 죽인다. 노비를 소나 말처럼 대한다.[46]

Tip 2

조선과 서양의 만남

1627년 제주도 앞바다에 네덜란드 배가 표류했다. 조선을 최초로 방문한 서양 사람 벨테브레Jan J. Weltevree가 그 배에서 육지로 올라왔다. 그의 한국식 이름은 박연이다. 이어 1653년 또 한 척의 배가 제주도에 상륙했다.

1653년 7월 16일 우리는 타이완의 항구에 도착했다. 그 후 총독은 우리를 일본으로 보냈다. 7월 마지막 날 날씨는 좋았는데 저녁 무렵부터 태풍이 불기 시작했다. 바람이 너무 심해서 갑판 위에서는 말소리조차 들리지 않았다. 배가 심하게 요동치고 집채만 한 파도가 연이어 우리를 덮쳤다. 밤 1시경 망을 보던 사람이 외쳤다. "육지다, 육지다!" 우리는 닻을 내렸다. 닻은 거친 파도와 심한 바람을 견디지 못했다. 그때 배가 바위에 부딪혀서 산산조각 나버렸다. 여러 동료들이 죽었다. 64명의 선원 중 불과 36명만이 살아남았다. 8월 17일 우리는 비참한 심정으로 사람을 찾아 나섰다. 정오 조금 못 되어 한 사람을 발견했다. 손짓을 했더니 우리를 보자마자 도망가 버렸다. 조금 후 세 사람이 우리에게 다가왔다. 용기를 내 물을 달라고 했다. 저녁 무렵 100여 명 정도의 무장한 남자들이 와 우리를 감시했다.[47]

이 일기의 주인공은 하멜Hendrik Hamel이었고, 그가 물을 달라고 했던 원주민은 제주도 사람이었다.『조선왕조실록』도 이 조우를 빼놓지 않고 기록했다.

제주 목사 이원진이 보고했다. "배 한 척이 고을 남쪽에서 깨져 해안에 닿았기에 대정 현감 권극중과 판관 노정을 시켜 군사를 거느리고 가서 보게 했습니다. 어느 나라 사람인지 모르겠으나 배가 바다 가운데에서 뒤집혀 살아남은 자는 38인이었습니다. 말이 통하지 않았고 문자도 달랐습니다. 배 안에는 약재·녹비가 있었고, 목향 94포, 용뇌 4항, 녹비 2만 7000개도 있었습니다. 파란 눈에 코가 높고 노란 머리에 수염이 짧았는데, 구레나룻은 깎고 콧수염을 남긴 자도 있었습니다. 왜어倭語를 아는 자가 있어 물었습니다. '너희는 서양의 크리스천인가?' 하니, 다들 '야야' 했습니다. 우리나라를 가리켜 물으니 고려高麗라 했습니다. 가는 곳을 물으니 나가사키라 했습니다."[48]

하멜이 남긴 일기는 1653년 당시 조선의 숨결을 고스란히 담고 있다. 하멜은 썼다.

나중에 알았지만 그 총독은 선량하고 이해심이 많은 사람이었다. 70세가량 된 제주 목사는 조정에서도 상당한 신망을 받고 있었다. 왕에게 편지를 띄워서 우리의 처리에 대해 답신을 기다리고 있었다. 그는 향연을 베풀어 우리의 시름을 달래주려고 노력했다. 국왕으로부터 답신이 오면 우릴 일본으로 보낼 것이라 했다. 이렇게 해서 우리는 기독교인이 무색할 정도로 이교도들로부터 후한 대접을 받았다.[49]

이후 하멜 일행은 해남과 영암을 지나고 나주와 금구를 거치고 전주와 공주를 넘어서 서울에 당도한다. 정약용이 걸었던 그 길을 거꾸로 걸어온 이들, 죄수도 아니요, 포로도 아닌 이들 이방인들을 조선 왕실은 후하게 대접했다. 왕은 먼저 와서 체류했던 벨테브레의 통역을 빌려 종신토록 돌보아줄 터이니 이곳에서 살라고 했다. 서울의 고관대작들을 위시하여 저잣거리의 종들에게까지 하멜 일행은 호기심의 대상이 되었다. "매일 우리는 고관들의 초청을 받았다. 그들은 우리를 보고 싶어했다. 구경꾼들 때문에 하루도 쉬질 못한다. 노복들도 주인 몰래 우리를 불러내 놀렸다."

조선이 만난 서양인은 벨테브레와 하멜만이 아니었다. 1631년 정두원은 북경에 가서 서양 선교사를 만나고 돌아왔다.[50] 그는 북경에서 천리경과 자명종 등 많은 물품을 가져와 왕에게 바쳤다. 『지봉유설芝峯類說』의 저자 이수광은 조선의 사대부들 중 서양 소식을 가장 먼저 접한 사대부였다. 1614년 이수광은 북경에서 활약하는 서양 선교사 마테오 리치에 대해 언급한다.

마테오 리치는 동서 문명의 교류에 있어서 마르코 폴로Marco Polo 만큼이나 결정적 역할을 수행한 사람이다. 마르코 폴로가 발로 사막을 건너 로마 가톨릭이 지배하는 서구 세계와는 다른 세계가 동아시아에 있음을 서구인들에게 보고한 최초의 사람이라면, 마테오 리치는 북경에 직접 들어가 중국어와 한문을 익힌 다음 사서오경을 라틴어로 번역한 최초의 사람이었다. 게다가 그는 서양의 수학과 과학, 역학과 의학을 중국인에게 전수해주었고, 『천주실의天主實義』를 집필해 동아시아인들에게 일대 종교적 충격을 안겨주었다.

이수광은 마테오 리치가 제작한 지도 '곤여만국전도坤輿萬國全圖'를 보고 충격을 받았을 것이다. 조선 사대부에게 세계의 중심은 중국이었다. 하늘은 둥글고 땅은 네모지다는 천원지방天圓地方의 우주관은 그들이 어려서부터 숭배해온『서경』『역경易經』과 함께 만고불변의 진리였다. 중국인이 만든 세계 지도 중에 '혼일강리역대국도지도混一彊理歷代國都地圖'가 있었다. 16세기까지 조선의 사대부들이 알고 있던 지도는 이것이었다. 이제 '혼일강리역대국도지도'는 마테오 리치의 '곤여만국전도' 앞에서 역사의 쓰레기통 속으로 사라질 운명이었다. 1603년 이응시는 여섯 폭짜리 '곤여만국전도'를 개조하여 여덟 폭짜리 지도를 제작 보급한다. 세계가 조금씩 열리고 있었다.

이수광은『지봉유설』에서 세계 56개 나라의 위치와 풍습 그리고 문화를 소개한다. 우리가 보기엔 참 우스운 지리 상식인데, 여기에서 우리는 겸손해져야 한다.

안남국은 중국의 서남쪽에 있으며 북경과의 거리는 1만 3000리다.

노과국(라오스)은 안남국의 서남쪽에 있다.

유구국(오키나와)은 동남쪽 바다 가운데에 있다. 조개껍데기로 불을 때서 밥을 짓고 사람들은 다 굳세고 건강하다. 맑은 날에는 제주에서 희미하게 보인다고 한다.

섬라국(태국)은 사방 1000리나 되는 나라로 바다 가운데에 있다.

방갈랄(방글라데시)은 동인도다.

불랑기국(포르투갈)은 태국의 서남쪽 바다 가운데 있으니 서양의 큰 나라다. 그 나라의 대포를 불랑기라 한다.

남번국(네덜란드) 사람이 1603년에 왜인의 배를 따라 우리나라에 표착

한 일이 있다. 그 사람을 보니 눈썹이 속눈썹과 통하여 하나가 되었고 수염은 염소 수염과 같았다. 그가 거느린 사람은 얼굴이 옻칠한 것처럼 검었다. 형상이 추하고 괴상했다. 아마 바다 귀신과 같은 종류일 것이다. 왜인의 통역을 통해 물으니 자신의 나라는 중국에서 8만 리 떨어진 곳에 있다고 했다.

영결리국(영국)은 육지에서 서쪽 끝으로 멀리 떨어진 바다에 있다.[51]

조선의 3대 도적

이익은 『성호사설星湖僿說』에서 홍길동과 임꺽정과 장길산을 조선의
3대 도적으로 손꼽았다. 홍길동은 1500년을 전후하여 연산군대에
활약했다. 홍길동은 양반 관리의 복장을 하고 스스로 '첨지'라 부르
면서 무장한 많은 농민을 지휘해 여러 고을의 관청들을 습격했다.
임꺽정은 1550년을 전후하여 명종대에 활약했다. 임꺽정은 황해도
와 경기도 일대에서 관아를 습격하고 창고를 털어 곡식을 빈민에게
나누어주는 등 의적 행각을 벌였다. 장길산은 1690년을 전후하여
숙종대 황해도 일대에서 도당을 모아 도둑의 괴수로 활약했다.

『조선왕조실록』은 세 도적에 대해 흥미로운 기사를 싣고 있다.
1500년 10월 마침내 홍길동을 체포하고 영의정 한치형이 "듣건대,
강도 홍길동을 잡았다 하니 기쁨을 견딜 수 없습니다"[52]라고 말한
것으로 보아 조선왕조가 홍길동이 이끄는 농민 무장대의 공격 앞에
서 얼마나 떨었는지 알 것 같다. 바로 이어 홍길동의 장물을 취급한
엄귀손에 관한 기사가 나온다.

"홍길동의 행동거지가 황당한 줄을 알면서도 고발하지 않았고 또한 산
업까지 경영하여준 엄귀손을 엄벌에 처하라."[53]

엄귀손은 서울과 지방에 집을 사두고 곡식을 3000~4000석이나 가지고 있었다. 그런 자가 어떻게 강도와 내통하게 되었는지, 어떻게 하여 당상의 자리에 올랐는지, 조정은 의아해했다. 홍길동의 무장단은 지방 관아와 긴밀한 연대 속에서 활동했나 보다. 『조선왕조실록』은 말한다.

강도 홍길동이 홍대 차림으로 첨지라 자칭하면서 대낮에 떼를 지어 무기를 가지고 관부에 드나들면서 기탄없는 행동을 자행했는데, 그 권농이나 이정들이 어찌 이를 몰랐겠습니까.[54]

임꺽정에 관한 기사는 1559년 3월 27일에 등장한다. 명종의 조정은 임꺽정을 체포하지 못해 고심했나 보다.[55] 영의정과 좌의정과 우의정 등 삼정승이 다 모였고, 여기에 권력의 실세 윤원형까지 합세했다. 관계 기관 대책 회의를 열었는데, 회의 내용이 무척 한심하다. 무신을 보내 포착할 방법을 강구할 것이며, 군사를 거느리고 추격할 것이며, 이곳저곳 수소문하여 추적의 실마리를 잡아야 한다고 논의하는 것까지는 그렇다 치자. "만일 태만하여 잡지 못하거나 겁이 나서 추적하지 못한다면 군법으로 그 죄를 다스리겠다고 엄포를 놓자"는 부분은 그야말로 지도자들의 무사안일과 무책임과 무능을 폭로하는 대목이다. 지켜보는 사관도 무척 한심했나 보다.

"도적이 성행하는 것은 수령의 가렴주구 탓이며, 수령의 가렴주구는 재상이 청렴하지 못한 탓이다"라고 못 박는다. 도적은 임꺽정이 아니라 윤원형이라는 이야기다.

장길산이 『조선왕조실록』에 등장하는 것은 1692년 12월 13일이다. "도둑의 괴수 장길산이 양덕 땅에 숨어 있었는데, 포도청에서 덮쳤으나 잡지 못하고 놓쳐버렸다"[56]고 기록했다. 실록은 장길산을 광대패 출신의 도적이라고 적었다. 장길산은 날래고 사납기가 견줄 데가 없단다. 그 무리들이 번성한 지 10년이 지났으나 아직 잡지 못하고 있다고 한탄한다. 1697년 1월 10일의 기사는 장길산에 관한 의미심장한 이야기를 들려준다. 장길산의 조직이 꽤 광범했나 보다.[57]

장길산이 끝내 잡히지 않았다는 것은 그가 평범한 도적이 아니었음을 뜻한다. 관아의 추적에도 불구하고 체포되지 않았다는 것은 장길산이 매우 주도면밀한 도적이었음을 말할 뿐만 아니라 장길산과 뜻을 함께하는 동료들이 전국 각처에 광범위하게 포진해 있었음을 뜻한다. 이영창의 스승이 장길산의 무리들과 결탁했다는 것은 장길산 조직망의 한 편린을 보여주는 것이다.

5부

영조와 정조

—————— 미륵당 고개에서 잠시 쉬면서 정조는 승지에게 말한다. "언제나 현륭원에 갔다가 돌아올 적에는 발걸음이 나도 모르게 더디어지고 이 고개에 이르면 절로 고개를 들고 서성거리게 된다." 아비 잃은 아들의 효심이 보는 이의 눈시울을 젖게 한다. 아버지여…… 잘 계시오. 정조는 오래도록 떠나지 못했다고 한다. 정조는 말에 올랐다가 다시 내려 서성이곤 했다.

1796년 10월, 화성이 솟아올랐다. 성루와 장대가 날아갈 듯 아름답고, 깎아지른 듯 가파르게 잘 쌓았다. 1794년 1월 첫 삽을 떴으니 34개월 만의 낙성식이다. 단 한 명의 인부도 공짜로 부리지 않았다. 조선왕조 역사에 없던 일이었다. 국가의 경비 단 한 푼도 축내지 않았다. 조선왕조 역사에 없던 일이었다. 왕이 솔선수범하여 절약했고 저축한 보람이 있었다. 신기술을 도입한 것도 축성의 공기와 비용을 절감해 주었다. 화성에 가면 정조의 마음을 보아야 한다. 화성은 군사적 거점, 그 이상의 뜻이 새겨진 곳이었다.

백성을 사랑한 왕들

1

개혁 군주 영조

영조와 정조는 모두 '비정상적'으로 왕위에 올랐다. 영조는 출신이 비천하여 왕이 될 수 없는 인물이었다. 어머니 숙빈 최씨는 궁궐에서 잡일을 하는 종, 무수리였다. 그런데 노론당은 전례 없는 일을 했다. 숙종의 뒤를 이어 경종이 왕위에 오르자 연잉군(영조)을 세자로 책봉하게 했던 것이다.

연잉군이 28세의 나이로 세자에 책봉될 당시 경종의 나이 34세였다. 경종은 즉위 4년 만에 사망했고 1724년 연잉군이 왕위에 올랐다. 그가 영조다.

영조는 조선의 장수 왕이다. 그는 52년 동안 왕 노릇을 했다. 사도세자는 태어난 지 1년 만에 세자로 책봉되었다. 아버지가 장수 왕이니 아들도 장수 세자가 되었다. 사도세자는 26년 동안 세자로 있었다. 사도

대한민국의 뜻

————— 대한민국의 '대한大韓'은 1897년에 선포된 대한제국에서 왔다. 그리고 대한제국의 '대한'은 마한, 진한, 변한의 삼한을 일컫는다. 왕건이 고구려를 잇는 나라라고 하여 국호를 고려라 하고, 이성계가 단군조선을 잇는 나라라 하여 국호를 조선이라 명명했듯이 고종도 삼한을 잇는 큰 나라라는 뜻으로 '대한'이라 칭한 것이다.

그렇다면 '민국民國'은 어디에서 유래했을까? '민주공화국'의 줄임말일까? '리퍼블릭 republic'의 번역어인가? 아니다. '민국'은 '백성의 나라'라는 의미다. '민국'은 이미 영조 때부터 사용되었던 말이다.[1]

영조 51년 왕은 정조에게 대리청정을 명령했다. 정조는 사양하는 뜻을 밝히며 '중대한 민국과 번잡한 기무機務'를 자신에게 맡기는 것은 타당하지 않다고 했다.[2] '기무'는 행정 업무이고 '민국'은 나라를 의미한다. 조선은 '백성이 나라의 근본'이라는 '민본' 사상을 건국 이념으로 세워진 나라다. 민국은 조선이 민본 사상을 바탕으로 한 국가임을 표현한 말이다.

세자는 장성하면서 소론당과 어울렸다. 사도세자의 장인 홍봉한은 노론당의 영수였고, 사도세자의 부인 혜경궁 홍씨 역시 노론당의 인물이었다. 사도세자는 아버지와 부인 그리고 장인으로부터 버림받았다.

정조는 왕자 시절 호칭이 없었다. 사도세자의 뒤를 이어 세자가 되었기 때문이다. 세자였던 아버지가 죽임을 당하면 아들도 위태롭기 마련이다. 인조는 소현세자를 제거하면서 그의 아들까지 제거했다. 정조가 세자가 된 것은 기적에 가까운 일이었다. 할아버지 영조, 외할아버지 홍봉한, 어머니 혜경궁 홍씨의 밀약이 있었기 때문이리라. 혜경궁 홍씨는 아들만큼은 보호하고 싶었을 것이다. 1776년 영조가 세상을 떠나자 정조는 왕위에 올랐다.

경제, 날다

|

영조와 정조는 영명한 군주였다. 그들은 우선 정치의 안정을 추구했다. 탕평책이다. 영조와 정조는 노론당의 주도를 인정하면서 소론당, 남인당 등 여러 정파의 인사들을 고루 등용했다. 정조는 남인당의 영수인 채제공을 영의정으로 임명하고 정약용 등 남인당 소장 인사를 대거 등용했다. 아울러 정조는 노론당의 영수 심환지와 협의하여 국정을 처리했다.

여러 정파의 인사들이 등용되자 왕권이 안정되었다. 숙종은 '환국'을 통해 왕권을 강화하고자 했다. 그러나 환국이 일어날 때마다 반대당에 대한 숙청으로 정치가 불안했다. 영조와 정조는 집권당을 바꾸는 것이 아니라 반대당 인사를 등용하여 서로 견제하게 함으로써 왕권을 강화하고 정치적 안정을 이루었다. 영조와 정조의 재위 기간 76년 사이에 사도세자의 비극을 제외하면 특별히 심각한 정쟁은 일어나지 않았다.

정치가 안정되자 경제가 활성화되었다. 광해군 때 54만 결에 불과했던 농지 면적이 숙종 때는 140만 결로 급증했다. 백성의 부담을 줄여나갔다. 광해군 때 경기 지역에만 실시했던 대동법을 숙종 때 전국으로 확대했다. 영조는 균역법을 마련하여 2필씩 납부하던 군포를 1필로 줄였다.

영조의 종모법

1686년(숙종 12년) 전체 인구 중 노비가 47퍼센트를 점하다.

1731년 영조 7년 종모법이 시행되다.[3]

1786년 정조 10년 전체 인구 중 노비가 8퍼센트로 줄어들다.[4]

태종이 종부법從父法을 실시했지만 세종이 종모법으로 물러섰고 세조는 종천법從賤法으로 후퇴했다. 머리 아프다. 종부법이 뭐고 종모법이 뭐냐? 퇴계의 남자 종 잇산이가 동네 양인 신분의 처녀 순이와 눈이 맞아 아이를 낳았다. 종모법에 따르면 이 아이는 어머니 순이의 신분에 따라 양인이 되고 종부법에 따르면 아버지의 신분에 따라 종이 된다. 그런데 종천법에 따르면 아버지와 어머니 중 한 사람만 종일지라도 자식은 모두 종이 된다.

고려시대에는 종은 종끼리만 결혼할 수 있었다. 그래서 종의 수는 크게 변동이 없었다. 그런데 조선시대에 들어와 종이 양인과 결혼하는 양천교혼良賤交婚이 가능해지고 종천법에 따라 아버지와 어머니 중 한 사람이 종이면 모두 종이 되었다. 동시에 노비 인구가 급속히 늘어갔다. 양천교혼율이 20퍼센트라고 가정할[5] 경우 노비 인구는 세대를 거듭할수록 20퍼센트씩 증가한다.

여기에 100명의 종이 있다고 치자. 그중 80명이 같은 종끼리 결혼한다고 하자. 그러면 40명의 남자 종이 40명의 여자 종과 결혼하여 80명의 종을 낳은 것이다. 그리고 20명의 종이 양인 신분과 결혼할 경우 10

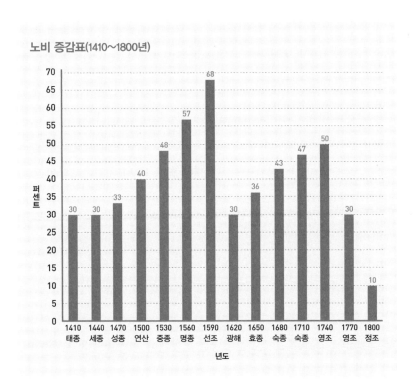

노비 증감표(1410~1800년)

명의 남자 종이 10명의 여자 양인과 결혼하여 20명의 종을 낳고, 10명의 여자 종이 10명의 남자 양인과 결혼하여 20명의 종을 낳는다고 하자. 그러면 총 120명의 종이 생긴다. 노비 인구는 세대가 지나면서 평균 20퍼센트의 비율로 증가한다.

이제 평균 20퍼센트의 증가율을 전제로 해서 1500년대 노비 인구를 40퍼센트라 가정할 경우 위와 같은 노비 인구 증감표가 작성된다. 물론 이 증감표는 노비의 도망이나 속량 혹은 여타의 사정을 고려하지 않은, 하나의 가설에 지나지 않는다.

1410년 태종대에는 종부법의 실시로 노비 인구의 증감이 없다고 보았다. 1440년대 세종대에는 종부법이 무너지면서 노비 인구가 조금씩 늘다가 1460년대 세조대에 종천제가 시행된 이후 노비 인구가 급증하는 것으로 보았다. 세대를 거듭하면서 20퍼센트씩 증가하면 1470년 성종대의 33퍼센트가 1590년 선조대에 이르면 68퍼센트까지 증가한다. 120년 만에 노비 인구가 두 배 증가해버렸다. 1590년대 선조대에 노비 인구가 68퍼센트까지 증가했다면 양인 인구의 격감으로 이미 국방 시스템은 무너졌다고 보아야 한다.

종천법은 세상에 찾기 힘든 악법이었다. 1555년 을묘년 당시 왜구가 전라도 해안을 노략질하고 다녀도 왜구를 물리칠 군졸이 없었다. 군역을 져야 할 양인이 노비로 전락해버렸고, 남은 양인 중 절반이 사족士族의 농장에서 일하는 작인으로 몰락한 상황에서 누가 군역을 설 것이며, 누가 군포를 바칠 것인가? 왜 임진왜란 당시 관군이 힘 한 번 쓰지 못하고 속수무책으로 당했는지 이제 그 이유를 알 수 있다. 국방 시스템이 와해되었던 것이다. 왜 소수의 의병장이 왜구를 격퇴했던가? 의병장은 모두 100~200구의 노비를 거느리던 사족이었다. 사족이 휘하의 노비와 함께 자신의 고장을 지킨 것, 그것이 의병이었다.

왜 율곡의 10만 양병설이 선조의 귀에 씨알도 먹히지 않았던가? 왜 동인들은 율곡의 대책을 거절했던가? 10만 양병설이 나라를 바로잡는 대책임을 그들이 몰랐을까? 아니다. 유성룡도 김성일도 알았다. 문제는 10만의 군대를 키우려면 사람이 있어야 하고 군량이 있어야 한다는 것이다. 인구의 절반이 노비로 전락하고 양인의 절반이 작인으로 몰락한 현실을 바꾸지 않는 한, 율곡의 10만 양병설은 공상가의 염불에 지나지 않았다. 먼저 사족들이 자신의 노비를 양인으로 풀어주어야 한다. 먼저 사족들이 자신의 농지를 작인들에게 주어야 한다. 먼저 사족들이 자신의 기득권을 포기해야 한다. 자신의 특권을 포기하지 않고 의미 있는 사회개혁을 추진하겠다는 것은 꿩 먹고 알까지 먹으려는 도둑놈의 심보다. 율곡의 대책은 선조와 동인의 보수적 성향에 의해 거절된 것이다.

임진왜란이 터지기 2년 전인 1590년 조선은 노비 왕국이었다. 여기에서 30년만 더 가면 인구의 8할이 노비가 될 판국이었다. 그런데 임진왜란이 터졌다. 전쟁통에 많은 백성이 죽었다. 굶어 죽고, 얼어 죽고, 전염병에 죽었다. 그리고 싸우다 죽었다. 노비들이 가장 많이 죽었을 것이다.

선조는 왜구를 물리치기 위해 노비의 힘을 빌리기로 작정했다. 천민들에게도 무과 시험을 보게 하겠단다. 급했다. 글을 읽지 못해도 된단다. 똥줄이 탄 것이다. 그냥 말 타고 활 쏘면 된단다. 합격하면 양인 신분을 준다. 종들은 너도나도 다투어서 시험장에 나갔다. 전쟁이 해방으로 가는 길을 열어주었다. 참 희한한 상황이 연출된 것이다. 도망친 종을 찾으려면 무과 시험장에 가보라. 오죽했으면 이런 소문이 나돌았을까? 왜구의 수급을 하나 베면 면천이 되었다. 종들은 목숨을 걸고 왜구의 목을 베었다. 10명의 목을 베면 벼슬자리까지 주었다.[7] 무기도 변변치 않았을 종이 왜구의 목을 베는 일은 자신의 목숨을 내놓는 일이었다. 1608년 이항복은 그렇게 말했다. 임진왜란을 겪으면서 노비가 절

반으로 줄었다고.[8]

그러니까 임진왜란을 경유하면서 다시 노비의 수가 전체 인구의 30퍼센트대로 격감했다는 것이다. 하지만 종천법이 존속하는 한, 노비 인구가 다시 늘어나는 것은 시간문제였다.

이항복의 말을 참조하여 1620년대 노비 인구를 30퍼센트로 잡아보았다. 60년만 지나면 30퍼센트가 43퍼센트로 늘어난다. 그래서 1686년 전체 인구 중 노비가 47퍼센트를 점하게 된다. 이를 어쩌나? 숙종이 재위하던 1680년대에서 1710년대는 종천법과 종모법이 교체되던 시기다. 그래서 노비 인구의 증가율을 10퍼센트로 잡아보았다. 1731년 실시된 종모법은 노비 인구를 더 이상 늘지 않게 했다. 동시에 절반으로 떨어진 속량가贖良價로 인하여 노비가 대거 양인으로 면천되었을 것이다.

그런데 1686년 인구의 40퍼센트를 점하던 노비가 1786년 10퍼센트로 줄었다. 어찌된 일이냐? 또 노비가 10퍼센트로 줄어든 대신 양반이 30퍼센트로 늘어났다. 이게 무슨 생뚱맞은 소리냐? 원래 지배계급은 인구의 1~2퍼센트를 차지한다. 일하지 않는 소수의 지배계급이 다수 민중이 생산한 물자를 수탈한 것이 동서고금의 철칙이었다. 인구의 30퍼센트가 양반이라! 전 신분의 양반화가 진행되었다. 노비가 양인이 되고, 양인이 양반이 되는 신분의 사다리 오르기가 어떻게 가능했던가?

먼저 면천의 합법적 길이 있었다. 바로 속량贖良이다. 상전에게 몸값을 주고 양민이 되는 것이다. 얼마를 주면 될까? 속량가는 면포 100필이었다. 『조선왕조실록』으로 들어가 확인해보자. 1718년(숙종 44년) 노

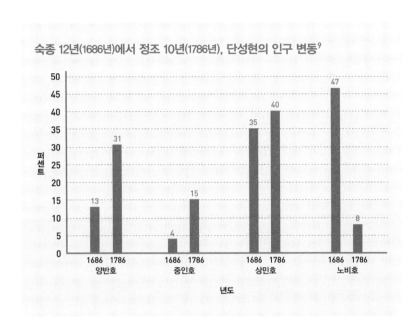

숙종 12년(1686년)에서 정조 10년(1786년), 단성현의 인구 변동[9]

비의 속량가를 쌀로 바치게 하자면서 그 값을 이렇게 보고한다.

15세에서 30세까지는 미곡 50석을 바치라.[10]

쌀 한 가마니가 면포 2필로 교환되는 시세였다면 쌀 50석은 면포 100
필이다.

그런데 이게 또 뭔가? 노비의 속량가가 면포 50필로 뚝 떨어진다.
1746년(영조 22년)에 간행된 『속대전續大典』은 노비 속량가가 획기적으로
떨어졌음을 기록하고 있다. 속량가를 100냥, 즉 면포 50필로 한단다.
대체 무슨 일이 벌어지고 있었던가?

오희문의 일기에서 확인했듯이, 도망간 노비를 추적하여 체포하는 것이 조선 중기 사족들의 큰일이었다. 먼 고을로 도망간 노비를 추적하는 것을 추쇄라 했고, 고을의 사또에게 노비 추쇄를 부탁하는 것을 칭념이라 했다. 한 명의 노비가 도망가면 면포 100필(쌀 20가마)을 잃는 것이다. 중앙의 권부에 쨍쨍한 줄이 있는 사족의 경우 쉽게 칭념을 넣고 노비의 추쇄에 성공하지만 줄이 없는 사족의 경우 도망간 노비를 잡아오는 일이 만만치 않았다.

오희문의 일기에서 확인했듯이, 도망간 송이를 어렵지 않게 추적할 수 있었던 까닭은 송이가 은거할 만한 곳이 제한되어 있었기 때문이다. 17세기 중반까지 노비는 튀어봐야 벼룩이었다. 17세기 후반 숙종대에 이르러 대동법이 전국으로 확대 실시되고, 상평통보가 발행되고, 장시가 확산되면서 조선 사회는 밑으로부터 출렁거렸다.

주인의 손을 벗어난 노비가 먼 시장에 얼쩡거리면서 품을 팔아 살아갈 수 있었고, 푼전을 몇 닢 모아 보따리장수를 하면 그것으로 끝이었다. 상품 화폐 경제의 발전은 도망간 노비에게 일자리를 제공해주었다. 마포 나루나 용산 나루에 가서 지게를 지면 하루 삯일을 찾는 것은 누워서 떡 먹기였다. 새우젓을 나르고 미곡을 나르는 것이다.

이제 도망간 노비를 추쇄하는 비용이나 노비에게서 얻는 경제적 이익이 맞먹는 상황이 전개되었다. 그래서 사족들은 노비를 부려 농장을 경영하기보다 땅을 빌려주고 소출의 절반을 받는 병작반수제並作半收制를 선호하게 되었다. 이제 노비의 쓸모가 많이 줄었다. 그래서 노비의 속량가가 절반으로 뚝 떨어진 것이다. 값싼 속량가를 바치고 양인이 되는 노비의 행렬이 줄을 이었을 것이다.

이런 노비의 신분 상승 과정을 촉발시킨 또 다른 요인이 있었다. 1730년(영조 6년)에 실시된 종모법이다.[11] 영조가 누구던가? 어미는 종이었다. 어머니 숙빈 최씨는 천민이었다. 정조가 화성의 현륭원에 아버지의 영정을 모시고 통곡하며 울었듯 영조 역시 숙빈묘를 지어놓고, 어머니의 한 많은 종살이를 통곡했을 것이다.

사실 현종 이래 숙종대까지 종모법의 시행을 둘러싸고 우여곡절이 많았다. 노론은 종모법을 시행했고 남인은 여기 반대했다. 영조가 보위에 오르고 6년 후 조선 노비사에 일대 혁신이 일어난다. 종천의 악법이 마침내 역사의 쓰레기통에 들어갔던 것이다. 종모법의 시행과 함께 어머니가 양인일 경우 어머니의 신분에 따라 종도 양인이 되는 세상이 왔다. 1414년 태종의 종부법이 1731년 영조의 종모법으로 환생한 것이다. 300년이 넘었다. 『증보문헌비고增補文獻備考』에 의하면 성종대에 신공을 바치는 노비의 수가 35만 명이던 것이 영조대에 이르러 3만 6000명으로 줄어든다.[12]

순조 1년 6만 6000명의 노비 문서가 돈화문 밖에서 불에 탔다. 동학농민혁명과 이어지는 갑오개혁으로 노비제는 종말을 고한다.

2

재조在朝의 박문수, 재야在野의 이익

왕의 남자, 박문수

해는 지고 길이란 길은 모두 어둠에 잠겼다. 하룻밤 묵을 곳을 찾지 못하고 헤매는 나그네가 두리번거린다. 행색은 영락없는 거지다. 저 멀리 불빛이 반짝인다. 봉제사奉祭祀 접빈객接賓客이라 했다. 조상의 제사를 모시는 것과 손님을 접대하는 것을 인간의 가장 큰 일로 알던 시절이었다.

"여보시오. 지나가는 과객이외다. 아무도 없소이까?"
"무슨 일이시온지요?"
열여섯을 갓 넘어 보이는 아가씨의 목소리였다.
"날도 저물고 하룻밤 묵어 가려 하오."
"어른들이 계시지 않아 손님의 유숙을 허하기 곤란하외다."

나그네는 간청했다.

"사위는 어둡고 불빛 보이는 민가 하나 보이지 않소. 불편하더라도 하룻밤 묵고 가게 해주시면, 내 반드시 이 은공을 잊지 않겠소이다만."

아가씨는 무정하지 않았다.

"아버님도 계시지 않고, 손님을 접대할 찬거리도 없사온데……."

"시장이 반찬이라 하지 않았소? 곡기만 채워준다면 감사할 따름이오."

이렇게 하여 어렵지 않게 초가 한편에 자리를 잡은 나그네에게 이윽고 밥상이 나왔다. 하얀 쌀밥에 반찬으로 굴비 한 마리가 올라온 것이 아닌가? 숟가락을 들고 밥을 푹 쑤시려는 순간 어두운 촛불 아래 희미하게 네 개의 볍씨가 옹기종기 밥 위에 앉아 있었다. 이게 뭐냐? 뉘가 넷이다. '뉘시오?' 묻는 것이 아닌가? 밥을 허겁지겁 맛있게 다 먹은 나그네는 궁리를 했다. 아가씨에게 무엇이라 답할까? 나그네는 밥상 위에 굴비 가시 네 쪽을 나란히 놓고 밥상을 물렸다. 고기 가시가 네 쪽이니 '어사魚四'라는 것이다. 아가씨는 상을 치우고 나그네 앞에 공손하게 무릎을 꿇고 앉았다. 지난해 관아에 끌려가 곤장을 맞고 죽어나온 아버지의 원을 아가씨는 조단조단 아뢰었다. 어사 박문수에게 말이다.

조선왕조 500년, 암행어사 하면 박문수다. "암행어사, 출두야!"라고 소리치면 수령들은 떨었고 백성들은 환호성을 질렀다. 정의의 해결사 박문수. 알고 보면 그는 영조의 총애를 누린 왕의 남자, 왕의 심부름꾼

이었다. 박문수는 1691년에 태어나 1756년에 졸했으니, 1694년에 태어나 1776년에 훙한 영조와 동시대 인물이었다. 박문수는 1723년 33세의 나이에 문과 급제했다. 박문수의 당파는 소론이었지만 정확히 말하면 그는 영조의 탕평파에 속했다. 1727년 온건 소론이 집권하면서 박문수는 출사했다. 박문수는 3년 만에 조정에 나와 영조의 신하가 되었다. 그는 유머 감각이 뛰어난 유쾌한 선비였다. 영조는 그런 박문수를 좋아했다.

1727년 박문수는 어사로 경상도에 내려갔다. 강을 건너는데 때마침 비가 심하게 내리고 있었다. 박문수는 집과 가축이 강물에 떠내려가는 것을 보고 사태의 심각성을 간파했다. 강원도와 함경도에 물난리가 난 것이다. 박문수는 경상도 어사였지만 강원도의 천재지변을 방관할 수 없었다. 그 길로 박문수는 관가의 곡식을 모아 강원도로 달려갔다. 곡식 1000여 석을 강원도 백성에게 나누어준 박문수. 백성들에겐 구세주 였으나 양반들에겐 율을 어긴 죄인이었다. 조정의 허락을 얻지 않은 상태에서 관가의 곡식을 개인적으로 유용한 것이었다. 박문수에게 벌을 내리라는 상소가 빗발쳤다. 하지만 영조는 박문수의 민첩하고 과감한 행동에 감동했다.

박문수는 경세제민經世濟民의 선비였다. 그는 백성을 도탄에 빠뜨리는 수령을 용서하지 않았고, 국가를 좀먹는 부정행위를 용납하지 않았다. 과거 공부하는 학생이라는 거짓말로 군역을 피하는 양인 자제를 적발 했고,[13] 인징과 족징의 폐해와 당쟁의 폐단을 직소했다.

1731년에는 전국적으로 가뭄이 심하여 온 백성이 기근에 주렸던 모양이다. 영조는 대신들에게 구휼책을 강구하라고 다그쳤다.[14] 박문수는 영남의 구운 소금 1만 8000여 석 중 1만 석을 실어다가 경기의 백성을 구할 것을 제안했다.[15] 박문수는 사재를 털어서 백성들의 구휼에 앞장 섰다.[16] 이어 박문수는 관서지방에 저축되어 있는 돈과 면포를 삼남 지방으로 옮겨서 곡식을 구입, 흉년에 대비할 것을 요청했다. 호서지방은 지금의 충청도다. 박문수는 백성의 굶주림을 구하지 않고 방치한 감사 이형좌를 무겁게 추궁했다.[17]

박문수야말로 사태의 해결을 위해 밤낮으로 궁리하고 실사구시하여 사태의 해결책을 찾아내는 창의적 선비의 전형이었다. 송시열을 비롯한 일부 선비들이 예학의 관념을 극단적으로 추구한 경우라면 박문수는 고통받는 민중의 현장을 발로 뛰어다니며 사재를 털어서라도 굶주린 동포들을 구해낸 의인이었다. 효종대 김육이 있어 대동법이 확산되었고, 숙종대 허적이 있어 상평통보를 주조했다면, 영조대에는 박문수가 있어 가뭄과 홍수에 죽어가는 백성을 살려낼 수 있었다. 영조대에 이르러 조선왕조가 백성과 소통하는 왕조로 거듭났다면 그것은 박문수의 숨은 열정 덕분이었다. 춘추시대 제 환공桓公에게 관중管仲이 있어 제 나라의 경제가 부흥했다면 영조에겐 박문수가 있었다. 박문수는 속으로 영조의 관중임을 자처하지 않았을까? 박문수는 기근 대책으로 소금을 구울 것을 제안한다.

지금 전국에 흉년이 거듭 들어 많은 백성들이 죽어가고 있습니다. 올해는 사람이 사람을 잡아먹는 지경입니다. 또다시 한 해 거듭 흉년이 들 경우 단 한 명의 백성도 살아남지 못할 것입니다. 소금을 굽는 계책은 이런 상황에서 나온 것입니다. 사람들은 자세히 따져보지도 않고 폐단만을 닮도록 말합니다. 소금 굽는 일을 버려두고서 기근을 극복할 다른 계책이 있는지요?[18]

농사짓는 선비, 이익

김육이 17세기를 대표하는 경세가였고 유형원이 17세기를

대표하는 비판 정신이었다면 박문수는 18세기를 대표하는 경세가였고
이익은 18세기를 대표하는 비판 정신이었다. 조선의 선비는 얼굴만 사
람이었지 자신의 두 발로 외출도 하지 못하는 병신이었다. 종이 대야에
물을 떠주어야 세수를 할 수 있었고, 종이 말고삐를 잡아주어야 바깥으
로 나갈 수 있었으며, 종이 이부자리를 펴주어야 잠을 잘 수 있었다. 조
선의 선비는 종의 노동에 의존하는 사람, 한마디로 기생적 인간이었다.
기생성은 도덕성을 쉽게 마비시킨다. 인간이 흘리는 땀의 소중함을 모
르기 때문에 부정한 방법으로 타인의 노동을 갈취하면서도 부끄러움을
모른다. 조선의 선비들은 부패의 하수구 위에 거주하는 집단이었다.

여기 한 명의 반성하는 선비가 출현했다. 지난 350년 선비의 삶과 사상을 총체적으로 반성하고 새로운 삶, 새로운 사상을 모색하는 정직한 선비가 드디어 나왔다. 역사는 이 사람을 보려고 얼마나 오랫동안 인고의 세월을 보냈던가! 그는 이익이다. 그는 제 손으로 농사짓는 선비였고, 제 눈으로 민중의 삶을 직시한 선비였으며, 제 머리로 경전을 읽고 생각한 선비였다. 이익은 농장의 노비들을 다 내보내고 자식들과 함께 손수 농사를 지었다. 또한 붕당과 과거제를 통렬히 비판했고, 사대부의 교조주의를 배격했으며, 실사구시의 새 학풍을 일으켰다. 이제 역사는 성호학파라는 새로운 지식인, 새로운 선비상을 보게 된다.

이익은 농촌에 은거하면서 직접 벌도 기르고 닭도 치면서 노동의 중요성을 체험한 선비였다. "너는 실학에 종사하고 있으니, 마땅히 노동에 뜻을 두고, 헛된 일을 하지 마라." 이익은 조카 이병휴에게 충고했다. 고을 수령으로 있던 조카가 고기를 보내주자 "이런 고기는 농민의 고혈에서 나온 것인데 내가 어떻게 먹을 수가 있겠느냐. 배고픔은 풀뿌리로도 이길 수 있다. 토할 것 같아 그냥 돌려보낸다"라며 조카를 훈계했다. 정조 때의 재상이었던 채제공은 증언한다. "내가 일찍이 경기 감사로 있으면서 선생 댁을 찾아뵈었다. 낮은 처마의 왜소한 집에 똑바로 앉아 계시는 선생의 모습은 눈빛이 날카로웠다."

이익은 어려서 병약했다. 형 잠에게 글을 배웠다. 1705년 나이 25세 때 이익은 과거에 응시했으나 이름을 잘못 기재하여 회시에 응시하지 못했다. 당시 조정은 갑술환국(1694년)으로 노론과 소론의 무대였다. 1706년 형 잠은 장희빈을 두둔하는 소를 올렸으나 역적으로 몰려 옥사했다. 이익은 이후 과거에 응시할 뜻을 버렸다.

이익은 책의 바다에 빠졌다. 아버지가 북경에서 구입해온 수천 권의 책을 공부했다. 그 속에는 서양 과학에 대한 책들도 있었다. 이익은 당시의 학자들이 외면하던 천문과 지리, 산수와 의학까지 두루 공부했다. 또한 몸소 농사를 지으면서 농경의 고귀함을 깨달았다. 1715년 35세가 되던 해에 모친상을 마치고 집안의 노비들을 모두 형님 댁으로 돌려보냈다. 가산은 탕진되었고 송곳 세울 땅도 없이 영락했다.

이익은 가난 속에서도 직접 농사를 지으며 후학을 양성했다. 그는 제자들에게도 직접 농사지을 것을 권고했다. '농사짓는 선비'는 그의 신념이었다.

내가 하루는 밖에 나갔다가 걸인을 만났다. 어린이와 어른 4~5명이 한데 모여 있었다. 그들에게 말했다. "밭을 갈고 씨를 뿌릴 봄인데, 당신들은 어찌하여 농사지을 생각을 하지 않는가." 걸인들이 나를 빤히 쳐다보면서 말했다. "종자도 없고, 땅도 없는데, 무슨 수단으로 농사를 짓는다는 겁니까?" 그들은 내가 세상 물정을 모른다는 표정이었다. 가만히 생각해보니 과연 나는 세상 물정을 몰랐다.[19]

성호는 농민들과 동고동락한 선비였다. 노동하는 지식인이었기에 그는 새 시대를 열 수 있었던 것이다.

"붕당[20]은 이익을 추구하는 데에서 시작된다. 이익은 하나인데 사람이 둘이면 두 개의 당이 생기고, 이익이 하나인데 사람이 넷이면 네 개의 당이 생긴다. 이익의 다툼이 깊어지면 당은 뿌리가 깊어지는 것이 필연의 형세다."

양반들은 생업에는 종사하지 않고, 오직 관직만을 목표로 삼는다. 그런데 관직은 제한되어 있으니 당쟁이 격화될 수밖에 없다.[21] 관직 수는 하나인데 관리가 되고자 하는 사람이 네 명이면 네 개의 당이 나온다. 그러니 선비들이여, 농사를 짓자. 선비들이 생업을 갖고 일을 해야만 조선 사회는 당쟁의 해악에서 벗어날 수 있다. 인간은 태어나면서부터 관직을 몸에 지니고 나오는 것이 아니다. 무위도식하지 말고 농사를 지으며 살자.[22]

이익은 과거제도와 과도한 출세욕이 나라를 망하게 하는 원인이라고 진단했다.[23] 학문 연구에 전념할 사람은 학문 연구에 전념하고, 그렇지 않은 자들은 생산에 종사해야 국가가 바로 돌아간다. 그의 이런 견해는 양반에게 어떻게 흙과 물을 묻히게 하느냐는 비난을 받았다. 그는 노동하는 지식인이었기에 세상을 주체적으로 볼 수 있었다.

이익은 농사를 짓던 경험에 의거하여 토지 개혁안을 내놓았다. 한전론限田論이다.[24] 농민이 점유하는 일정 규모의 토지를 정하여 매매를 금지시키자는 것이다. 예컨대 한 가구당 1결의 땅을 영업전永業田으로 삼고, 이 영업전만큼은 사고팔 수 없게 하자는 제안이다. 이익은 그렇게 하면 권세가의 대토지 소유를 막을 수 있다고 보았다.

이익의 문하로 당대 많은 진보적 학자들이 모여들었다. 『택리지擇里志』의 저자 이중환은 이익의 손자였고, 정조대에 이름을 떨친 이가환도 이익의 손자였다. 『동사강목東史綱目』의 저자 안정복이 이익의 수제자였다면, 멀리 정약용도 성호학파의 일원이었다. 성호학파는 경전을 해석하는 방법과 서학을 대하는 태도에 있어서 안정복을 중심으로 한 보수파와 권철신을 중심으로 한 진보파로 나뉜다. 안정복은 민족주의 입장을 고수했다. 반대로 권철신은 서학을 적극적으로 받아들여 천주교 신자가 되기도 했다. 권철신, 이승훈, 이벽, 이가환, 정약종과 정약용 형제가 서학을 적극적으로 수용했다.

③

정조와 그의 사람들

괴짜 선비, 홍대용

1776년 정조로부터 사헌부 감찰의 직을 제수받은 선비가 있었다. 감찰이란 종6품의 직이다. 종6품은 문과의 장원급제자가 처음 제수받는 품계다. 그런데 정조는 과거 시험의 '과' 자도 모르는 서생에게 감찰의 직을 내린다. 괴짜 왕이다. 괴짜 왕은 도대체 누구에게 벼슬을 내린 것일까? 우리에겐 지구자전설로 유명한 홍대용이다. 홍대용의 가문은 노론의 핵심 문벌이었으니 출세는 보장받은 혈통이었다. 그런데 홍대용에겐 출세의 뜻이 없었고, 과거 시험은 그에게 아무 매력이 없었다. 남들이 가는 길은 쉬운 길이다. 남들이 가지 않는 길은 힘든 길이다. 한데 역사는 이 힘든 길을 가는 사람을 선호한다. 홍대용은 청년 시절 혼천의渾天儀를 제작했고 과학적 탐구의 결실인 『의산문답醫山問答』을 저술한다. 괴짜 왕이 괴짜 선비를 알아본 것이다.

1765년 홍대용은 북경의 유리창流璃廠을 서성거렸다. 유리창은 고서적 서점이 즐비한 곳이다. 그곳에서 홍대용은 청나라의 학자들을 만나고, 서양의 선교사들을 만났다. 청나라 학자들은 주자를 졸로 취급했다. 홍대용에겐 경악할 사태였다. 선교사들은 코페르니쿠스와 티코 브라헤Tycho Brahe와 케플러Johannes Kepler를 설했을 것이다. 선교사들이 뉴턴의 『자연철학의 수학적 원리』까지 홍대용에게 전했는지 모르겠다. 그들은 얼굴빛도 다르고 말도 달랐으나 통했다. 필담이었다. 선교사들은 종교를 전파할 욕심으로 글을 주고받았고 홍대용은 과학을 배울 욕심으로 글을 주고받았다. 마치 갈릴레이가 유럽의 고리타분한 지식인들, 아리스토텔레스의 말이라면 무조건 믿고 그저 달달달 암송만 하는 스콜라 학자들을 상대로 『두 우주 체계에 대한 대화』를 집필하던 그 열정으로 홍대용은 조선의 고리타분한 지식인들, 주자의 말이라면 똥을 된장이라 해도 그대로 믿는 노론 계열의 선비들을 상대로 『의산문답』을 집필했다.

무엇을 근거로 지구자전설을 논하고 무한우주설을 논했는지, 홍대용의 논증에 대해선 모르겠다. 『의산문답』이 중요한 것은 최초로 중국 중심의 세계관을 격파한 과학서라는 사실 때문이다. 그렇지 않은가? 지구가 둥글다고 하자. 둥근 지구에는 중심이 없다. 인도가 중심이면 중국이 변방이고 서양이 중심이면 동양은 변방이다. 그 역도 똑같다. 그러니 이제 중국이 천하의 중심이라는 관점은 내려놓자.

홍대용은 어린 시절부터 성리학에 의문을 가졌다. 홍대용은 물었다.
"성리학에는 어찌하여 농사를 짓는 법이 없습니까?"
"잡학은 농부들에게 맡기는 것이다."
홍대용은 의문이 끊이지 않았다.
"선비가 땅이 없으면 어찌 살아야 합니까?"
"과거 공부를 하여 관직에 나가야지."
또 묻는다.
"선비의 수는 많고 관직의 수는 적습니다. 농사도 짓지 않고 장사도 하지 않으면 어찌 살아야 합니까?"
"안빈낙도安貧樂道라는 말도 모르느냐? 곤궁하여도 도를 얻으면 즐거운 법이다."
"뱃속이 꼬르륵거리지요."

성리학은 백성의 행복한 삶을 저버렸다. 지주들은 더 많은 땅을 불리기에 혈안이 되었고, 농민들은 유민이 되어 떠돌아다녔다. 떼를 지어 몰려다니다가 찬바람 불면 떨어지는 낙엽처럼 쓰러져 땅바닥에 뒹굴었다. 흉년이 들고 전염병이 휩쓸면 많은 사람들이 죽었다. 양반들도 몰락하기 시작했다. 벼슬아치가 아니면 양반들도 굶주리는 시대가 되었다. 양반들은 전통적으로 일을 하지 않았다. 한가하게 공맹의 도만 읊조리며 무위도식하던 양반들은 더 이상 살아갈 수 없는 시대가 되었다.

홍대용도 과거에 응시하지 않은 것은 아니었다. 번번이 실패했다. 마음이 딴 데 있었던 것이다. 그 무렵 홍대용은 박지원과 유득공 그리고 이덕무를 만났다. 유득공과 이덕무는 서자였으나 홍대용은 신분을 가리지 않고 그들과 학문을 논했다.

정조의 아이들

창덕궁 뒤에는 비원이 있고 비원 깊숙한 곳에 규장각이 있다. 규장각은 역대 선왕들의 장서와 초상을 보관하는 곳이다. 규장각엔 여섯 명의 관리들이 있었다. 규장각의 관리들은 아침저녁으로 왕을 직접 대면했다. 백관에 대한 탄핵권도 있었다. 승정원이 왕명을 출납하는 공적 비서실이라면 규장각은 왕을 보좌하는 사설 비서실이었다. 세종에게 집현전 학사들이 있었다면 정조에겐 규장각 관리들이 있었다. 규장각은 장차 삼정승과 육조판서를 맡을 젊은 선비들을 육성하는 곳이었으니, 모든 조정 신료들이 부러워하는 직이었다. 규장각의 신료들은 한마디로 말해 정조의 아이들이었다. 그 규장각에 네 명의 검서관이 새로 선출되었다. 모두 서류庶類들이었다. 뭐냐? 웬 서얼들이냐? 검서관의 일은 고되었다. 매일 『승정원일기』를 기록하듯, 『규장각일기奎章閣日記』를 기록하는 일을 검서관에게 맡겼다. 검서관의 일은 고되기가 남의 열 배였다.[25] 그래서 서얼들에게 맡긴 것이냐? 검서관의 얼굴을 보자. 박제가와 이덕무와 유득공이다. 박제가가 누구인가? 북학파를 대표하는 저서 『북학의北學議』를 지은 저자 아니던가?

그렇다. 박제가는 서자였다. 11세에 아버지를 여의고 어머니의 삯바느질로 생계를 유지했다. 19세 때 박지원의 문하에 들어가 실학을 연구했다. 1778년 사은사 채제공을 수행하여 청나라에 갔다. 선진 기술을 도입하고 상업과 무역을 장려하는 것이 부국강병의 첩경이라고 주장했다. 가히 탁견이었다. 당시 존명배청尊明排淸의 분위기에서 과감하게 청나라의 문물을 도입하고 그들의 기술을 배워야 한다고 주장했을 뿐만 아니라 상업을 중시하고 외국과의 통상을 주장한 것은 1876년 체결한 강화조약보다 100년이나 앞선 선견이었다. 정조는 1779년 검서관으로 그를 발탁했고 그의 혁신적 주장에 귀를 기울였다.[26]

이덕무는 누구던가? 이덕무는 유득공, 박제가, 이서구와 함께 조선을 대표하는 4대 시인으로, 그의 시는 청나라의 문인들에게까지 널리 알려지지 않았던가? 그 역시 서얼 출신이었다.

유득공은 누구던가? 『발해고渤海考』의 저자 아니던가? 유득공도 서얼 출신이었다. 유득공이 서자임에도 규장각 검서관을 시작으로 정3품의 벼슬에까지 올라갈 수 있었던 것은 오직 정조의 배려 덕분이었다.

이렇게 보면 규장각 검서관 4인방은 북학파를 이끈 주동자들이었다. 영조대에 농업을 중시한 이익에 의해 성호학파가 출범했다. 정조대에 상공업을 중시한 박제가에 의해 북학파가 출범했다. 역사는 조선의 미래를 이끌어갈 혁신적 젊은이들을 키우고 있었다.

박지원과 『열하일기』

박제가와 이덕무, 유득공과 이서구. 이 똑똑한 젊은이들의
뒤를 캐보니, 이들에게 현실에 대한 비판적 사고를 가르친 또 한 명의
괴이한 인물이 나왔다. 박지원이다. 박지원이 누군가? 그 유명한 『열하
일기熱河日記』의 저자 아니던가? 알고 보니 이 사람이 바로 북학파 젊은
이들을 배후에서 이끈 북학파의 괴수였다. 얼굴도 꼭 닮았다. 이게 괴
물이지 사람인가? 천하를 몇 번 뒤집고도 남을 기인이다. 그런데 이런
그가 젊은 시절에는 우울증에 걸려 고생했단다. 박지원은 세상의 모든

일이 귀찮아 밥도 잘 먹지 못하고, 잠도 편하게 이루지 못했단다. 우울증이다. 박지원의 병은 어디에서 왔을까? 당쟁 때문이었을 것이다. 공부해서 뭐해? 과거에 합격하여 출사한들, 소신 있는 선비는 먼저 유배가고 먼저 사약을 마시는 것이 현실인 것을.

박지원은 가난했다. 먹여 살려야 할 가족은 10명인데, 수입이 없었다. 대가족의 생계를 이끌어간 것은 형수였다. 형수는 이웃에게 돈을 꾸어 생계를 꾸려나갔다. 아쉬운 소리도 하루 이틀이지, 부채의 삶을 20년 동안 계속했다. 형수의 애가 타고 뼛골이 빠진 것은 당연했다. 이를 지켜보는 박지원의 가슴도 미어졌다. 끼니를 때울 식량이 없어 하루도 편하게 보내는 날이 없었다. 날이 추워지면 더 애가 탔다.

박지원은 34세에 생원시와 진사시에서 모두 장원으로 급제했다. 박지원의 이름은 높았다. 박지원은 회시에서 노송과 괴석을 그려 제출했다. 명문가의 후예로 태어난 박지원이었지만 끝내 과거를 포기한 것이다. 1777년 권신 홍국영은 박지원을 노론 벽파로 지목했다. 신변의 위협을 느낀 박지원은 몸을 숨겼다. 황해도 깊은 골짜기 연암협으로 피신했다. 아무도 오지 않는 고적한 산골이었다. 제비 한 마리가 날아와 기쁜 소식을 하나 전해주었다. 1780년 친척 박명원이 사은사로 청나라에 들어가니 동행하잔다. 오케이. 박지원은 스승 홍대용으로부터 북경 이야기를 듣고 큰 충격을 받은 적이 있었다. 나 이제 가노라. 박지원은 이제 자신도 연경에 들어가 저 유명한 『열하일기』를 남긴다.

나는 참으로 오랫동안 열하熱河가 강의 이름인 줄 알았다. 황하나 요하 같은 강 말이다. 압록강과 산하이관, 그 사이 어딘가에 있는 강인 줄 알았는데 그게 아니었다. 베이징에서 동북쪽으로 차를 타고 4~5시간 가면 청더承德라는 도시가 나온다. 만주와 북경을 잇는 중간 지점인 청더에는 만주 출신의 청나라 황제들이 여름철에 피서를 위해 찾는 행궁이 있었다. 이 행궁에는 제법 널따란 호수가 있고 호수 귀퉁이에서 온천수가 나온다. 이 온천수의 이름이 열하다.

청더의 피서산장은 청의 강희제가 건축한 황제의 별궁이었다. 루이 14세로 치면 베르사유 궁전과 같은 곳이요, 정조대왕으로 치면 수원 화성과 같은 곳이었다. 피서산장은 강희제 42년(1703년)에 건축을 시작하여 89년 만인 1792년 건륭제乾隆帝에 의해 완공되었다. 베르사유 궁전은 그보다 100여 년 전인 1680년 루이 14세에 의해 건축되었고 수원 화성은 1796년 정조에 의해 완성된다. 세 궁 모두 정치적 목적이 깊게 관여한다. 강희제는 자신의 출신이 만주족임을 상기시킴으로써 북방 민족과의 친화를 도모하기 위해 피서산장을 지었고, 루이 14세는 봉건 귀족들과의 경합 관계에서 절대군주의 위용을 과시하기 위해 궁전 건축을 강행했으며, 정조는 주지하다시피 노론 세력의 근거지 한양을 떠나 새로운 군사·경제적 거점으로 화성을 지었다.

내가 청더의 피서산장을 찾은 까닭은 박지원의 『열하일기』를 확인하기 위해서였다. 열하는 강이 아니었다. 열하는 피서산장의 인공호수 한쪽에 있는, 뜨거운 물이 솟아나는 온천이었다.

박지원 일행은 청나라 황제 건륭제를 만나러 북경에 갔으나 아뿔싸, 건륭제는 청더의 피서산장에 있었다. 다시 박지원 일행은 북쪽으로 올라갔다. 『열하일기』를 보면 박지원이 서양 선교사들을 만나 신학문을 배우고자 하는 열의로 가득 찼음을 확인할 수 있다. 스승 홍대용이 선교사들과 필담으로 대화를 나누었듯 박지원도 지구와 태양의 운동에 대한 천문학의 신지식을 배우고자 했다. 하지만 그의 소원은 실현되지 않았다.

「허생전許生傳」과 「호질虎叱」을 모르는 한국의 청소년은 없을 것이다. 나도 고등학교 시절 배운 기억이 난다. 바로 이 두 작품이 『열하일기』의 그 많은 이야기들 틈에 살짝 삽입되어 있는 소품이었다. 이런 반체제적 문건을 작성하여 유포한 죄를 물어 옥사가 벌어질 경우 박지원은 북경 여행길에서 주워온 문건이었다고 발뺌할 심산이었던 것이다. 여관방 벽에 걸려 있던 문건이라는데, 더 이상 무어라 추궁할 것인가? 박지원의 알리바이를 들어보자.

"바람벽 위에 이상한 글 한 편이 걸려 있었소. 흰 종이 위에 가는 글씨로 쓰여 있었고, 벽 한 면에 가득한 족자였소. 벽 앞으로 다가가 읽어보니 세상에 다시없이 야릇한 글이었소. 나는 베끼기 시작했소. 국내에 돌아오면 사람들에게 읽혀 배를 움켜잡고 한바탕 웃어보기 위한 것이었지요."[27]

우리도 박지원의 말대로 함께 크게 웃어보자.

청나라 어느 고을에 북곽北郭 선생이 살고 있었다. 나이 사십에 손수 교정을 본 책이 만 권이 되고 경서를 풀이해 지은 책이 1만 5000권이었다. 고을 동쪽에 젊은 과부가 살고 있었다. 동리자東里子라는 미녀였다. 수절을 하며 사는 과부였으나 다섯 아들의 성이 다 달랐다. 어느 날 밤이었다. 안방에서 사람의 목소리가 흘러나왔다. 음성은 북곽 선생과 비슷했다. 다섯 형제는 문틈으로 들여다보았다. 동리자가 북곽 선생에게 말했다. "전부터 선생님의 덕을 사모해왔습니다. 오늘 밤 선생님의 글 읽는 소리를 듣고자 합니다." 북곽 선생은 옷깃을 여미고 고쳐 앉아 시를 읊었다.

다섯 아들들은 말했다. "본디 남자가 과부의 집에 들어가지 않는 것이 예법이다. 이런 법도를 잘 아는 북곽 선생이 우리 집에 들어올 리가 없다. 성문 밖에 천년 묵은 여우가 있다는데, 그 여우가 지금 북곽 선생으로 둔갑한 것이 분명하다. 여우의 갓을 쓰면 천금의 부자가 되고, 여우의 신을 얻으면 대낮에도 자기 몸을 보이지 않게 할 수 있으며, 여우의 꼬리를 가지면 미모가 출중해진다고 한다. 저 여우를 죽여 나눠 갖자." 아들들은 방으로 뛰어 들어갔다. 북곽 선생은 황급히 달아났다. 어두운 밤에 그만 똥통에 빠지고 말았다. 겨우 기어 나와 고개를 들고 보니 호랑이가 서 있지 않은가. 북곽 선생이 질겁을 하고 멈칫할 즈음, 호랑이는 얼굴을 찡그리고 코를 막으며 고개를 돌려 말했다. "에잇, 이놈의 선비, 냄새 더럽군."[28]

화성, 실학의 총화

실학에 입각한 신도시, 화성

1789년 10월 7일 정조는 수원에 행차했다. 아버지의 무덤을 이장하기 위해서였다. 수원의 팔달산에 올랐다. 봉우리에서 사방을 내려다보고 말했다. "이 산의 이름이 화산花山이니 꽃나무를 많이 심는 것이 좋겠다.' 화산花山은 화산華山이다. 정조는 이곳에 아버지의 능을 옮기고, 이름을 현륭원이라 했다.

1790년 2월 정조는 좌의정 채제공에게 화성의 인구를 증진시킬 방안을 물었다. 채제공이 답했다. 서울의 부자 20~30호에게 무이자로 1000냥을 주어서 수원에 집을 짓고 장사를 하게 하자는 것이었다. 반대 의견이 많았다. 5월 다시 수원 부사 조심태에게 물었다. 조심태는 본고장 수원 사람들더러 읍에 집을 짓는 대신 필요한 만큼 장사 밑천을 대주면 좋겠다고 말했다.[29] 정조는 지금 국가 주도의 신도시를 추진하고 있

그때 베르사유에서는

─── 1789년 10월 프랑스 파리 시민들은 굶주렸다. 아이들은 빵을 달라고 보챘고, 엄마들의 눈빛은 핏빛이 되었다. 10월 5일 여인들이 칼을 들었다. 누구는 곡괭이를, 누구는 삼지창을, 누구는 몽둥이를 들고 일어섰다. "가자, 베르사유로!" 광장에 집결한 7000명의 여인들이 시위를 시작했다. 비는 주룩주룩 내리고 있었다. 그들은 폭우 속을 20킬로미터나 걸었다. 그날도 왕은 사냥을 나가고 없었다. 밤을 지새웠다. 다음 날 새벽 누군가 궁전에 난입했다. 삽시간에 민중은 폭도로 변했다. 그리고 "왕비를 잡아라. 목은 베고 심장은 도려내고 간은 기름에 태워버리자"고 외쳤다. 민중은 왕과 왕비를 포로로 끌고 파리로 왔다.

는 것이다. 조심태의 제안은 실현되었고, 수원읍 중심가엔 미곡전과 어물전, 포목전과 종이전 등 각종 가게들이 즐비하게 들어섰다. 달팽이집처럼 초라한 초가들이 기와집으로 바뀌어갔다. 제법 흥성거렸다.

1792년 정조는 정약용에게 특명을 내렸다. 정약용은 1789년 문과에 급제했으나 1792년 부친상을 당하여 여막살이 중이었다. 화성을 쌓는 기획서를 바치라는 것이었다. 정조는 정약용에게 『고금도서집성古今圖書集成』과 『기기도설奇器圖說』을 보내주었다. 『고금도서집성』은 강희제의 명으로 편찬된 백과전서인데, 궁중에만 비장되어 있었다. 『기기도설』은 서양 물리학의 기초 이론을 소개한 교과서였다. 정약용은 화성을 쌓는 종합 기획서 「성설城設」을 지어 올렸고, 무거운 물건을 들어올리는 기계 제작법인 「기중가도설起重架圖說」을 작성해 올렸다.

그러니까 화성 축성의 총책임자는 정조였고, 정약용은 축성의 기획자였다. 정조가 정약용에게 『고금도서집성』과 『기기도설』을 줄 수 있었던 것은 북학파 박제가의 공일 것이다. 조선의 부국강병을 위해 선진 기술을 도입하라고 주창한 이가 박제가 아니었던가? 정조가 조심태의 제언에 따라 수원읍을 상업 중심지로 변모시킨 것 역시 북학파의 중상주의를 따른 것이었다. 수원 화성은 그냥 지어진 도성이 아니라 북학파의 실학 정신에 입각하여 건설된 신도시였다.

일한 만큼 돈을 지불하다

만 3년의 준비 작업을 마친 정조는 1794년 새해 벽두부터 대망의 첫 삽을 떴다. 태조 이성계가 개성에서 한양으로 천도한 지 만 400년 만의 역사役事였다. 정조는 태조와 달랐다. 태조의 경복궁은 하나에서 열까지 모두 10만 백성의 노역에 빚진 사업이었다. 정조의 사전에 공짜란 없었다. 그는 화성 축성에 참여하는 모든 일꾼에게 정당한 임금을 지불한다. 그 많은 축성 경비는 어찌한담? 정조는 절약했다. 이 사업을 구상한 지 10년이 넘었고 그 시간 동안 저축했다. 정조는 국가의 재정을 헐어 화성의 경비로 충당할 생각을 처음부터 하지 않았다. 궁실의 경비를 절약했고 왕의 활동비를 절약했다. 절약하고 저축한 왕의 돈으로 신도시를 만든다는데 답답한 노론 신하들도 반대할 명분이 없었다.

그날 수원으로 향하는 정조의 발걸음은 가뿐했을 것이다. 함께 행차를 따라가 보자. 1794년 1월 12일 과천에서 일박을 했나 보다.[30] "첫 닭이 울자 어가가 과천의 행궁을 떠났다. 수원 행궁에 도착했는데 날이

아직 밝지 않았다"고 실록은 적었다. 어서 아버지를 뵈러 가야지. 정조
는 오열을 터뜨린다.[31] "아버지……." 그의 가슴에 서린 비애를 누가
다 알겠는가? 옆에 있던 신하들이 어쩔 줄 몰라 했다. 정조는 아버지의
영정을 대하노라면 어버이를 사모하는 마음이 가슴에서 북받쳐 올라
절제되지 않는다고 했다.

1월 15일 정조는 팔달산 높은 곳에 올라 고을을 두루 살펴보았다. 몇
년 전만 해도 허허벌판이었는데, 어느덧 집들이 즐비하고 제법 번성한
도회지가 되었다. 흐뭇했을 것이다. 경들이여, 이야기를 해보자.[32]

"나는 이번 축성을 10년 정도면 마칠 수 있다고 여긴다. 어떤가?"

"가능한 일입니다."

"축성에 들어가는 목재와 석재를 포함하여 모든 인건비를 지급함에
있어서 국가의 경비를 쓰지 않으려고 한다. 어떤가?"

"뜻은 좋으나 어려울 듯합니다."

"금위영과 어영청 두 군영에 속한 군인들을 놓아주고 그 대신 돈을
물도록 하면 어떤가? 어차피 백성들이란 군역은 피하고 싶은 것이고
소정의 금액을 돈으로 납부하길 좋아하니, 무리가 없지 않은가?"

"임금께서 사비를 들여 이미 장용영을 신설·강화한 마당에 금위영과
어영청은 쓸모가 없게 되었으니, 금위영과 어영청의 군속들로부터
거두어들이는 자금으로 화성을 쌓는다면, 무리가 없을 듯하옵니다."

"예컨대 40~50만 냥 정도의 재물이 있으면 넉넉히 준공할 수가 있겠
는가?"

"정밀한 계산은 하지 못했으나, 그 정도의 재물이라면 넉넉할 듯하옵니다."

"이 일은 중대하여 대신이 총괄해서 살피지 않을 수 없는데, 채제공이 맡도록 하시오."

"하명대로 따르겠습니다."

"돌 뜨는 것이 급한데 마땅히 돌 뜰 곳이 있는가?"

"팔달산 건너편에 석재가 무진장한 곳이 있사옵니다."

돌아오는 길은 아쉬운 길이었다. 미륵당 고개彌勒堂峴에서 잠시 쉬면서 정조는 승지에게 말한다. "언제나 현릉원에 갔다가 돌아올 적에는 발걸음이 나도 모르게 더디어지고 배양재陪養峙를 지나 이 고개에 이르면 절로 고개를 들고 서성거리게 된다"고. 미륵당 고개와 배양재가 어딘지 모르겠다. 하지만 아비 잃은 아들의 효심이 보는 이의 눈시울을 젖게 한다. 아버지여…… 잘 계시오. 정조는 오래도록 떠나지 못했다고 한다. 정조는 말에 올랐다가 다시 내려 서성이곤 했다.

화성 축성은 사치스러운 소비행위가 아닌 생산적 활동이었다. 정조는 인부들에게 일한 성과만큼 임금을 지불하는 성과급제를 택했다. 공사의 속도를 재촉할 필요가 없는 가장 현명한 임금 지불 방식이다. 인부들의 급료가 어디로 갈까? 고된 하루 일과를 마쳤으니, 한잔 걸쳐야지. 주막집 주모의 주머니가 두둑해진다. 먼 데서 품팔이하러 집을 떠나왔다. 잠을 재워주는 여관이 흥성거린다. 수원읍 상가가 문전성시를 이룬다. 북학파의 중상주의는 옳았다. 교역은 상품의 생산에 투입된 노동의 가치를 온전하게 실현시켜준다. 동시에 물자의 값을 올려주면서 생산자와 교역자 모두에게 부를 안겨준다. 교역이 없었다면 소용없는 물건이 되어 사장되었을 물자들이 이제 시장에 나와 소리를 외친다. "나를 사가시오. 나는 쓸모 있는 놈이오."

채제공이 수원성 축조에 승군僧軍을 쓰자고 건의했다.[33] "이번 화성 축성은 국가의 대사입니다. 성상께서 백성을 너무 아끼신 나머지, 한 사람도 노역에 부리지 않는 것은 나라의 은혜에 보답해야 할 백성의 도리가 아닙니다. 승군을 부리소서." 역시 정조는 반대했다. "한 명의 백성도 노역시키지 않는 것은 내가 뜻한 바가 있어서다."

척서단滌暑丹을 아는가? 더위를 쫓는 알약이란다. 이 알약을 물에 타면 요즘의 사이다, 콜라가 되는가 보다. 정조는 더위에 땀 흘리는 인부들을 염려하여 척서단 4000정을 보내준다.[34] "불볕더위가 이 같은데 많은 인부들이 끙끙대고 헐떡거리는 모습을 생각하니, 잠이 오지 않는다. 속이 타는 자의 가슴을 축여주고 더위 먹은 자의 열을 식혀주는 알약을 연구해 내려보내니, 정화수에 타서 마시도록 하라." 참으로 어진 임금이었다.

화성의 정신

1796년 10월 화성華城이 날개를 달고 하늘을 나는 듯, 솟아올랐다. 남쪽과 북쪽의 성루와 장대를 보건대 날아갈 듯 아름답고, 깎아

지른 듯 가파르게 잘 쌓았다. 1794년 1월 첫 삽을 떴으니 34개월 만의 낙성식이다. 단 한 명의 인부도 공짜로 부리지 않았다.[35] 조선왕조 역사에 없던 일이었다. 국가의 경비를 단 한 푼도 축내지 않았다. 조선왕조 역사에 없던 일이었다. 왕이 솔선수범하여 절약하고 저축한 보람이 있었다. 신기술을 도입한 것도 축성의 공기와 비용을 절감해주었다. 뿐만이던가?

'나성에 가면 편지를 보내세요'라는 가요처럼 화성에 가면 정조의 마음을 보아야 한다. 화성은 군사적 거점, 그 이상의 뜻이 새겨진 곳이었다. 정조는 화성의 둘레에 새로운 농업 시범 지구를 만들고자 했다. 화성의 축성과 함께 저수지 만석거萬石渠를 짓기 시작했고, 둔전 대유둔大有屯을 개간했다. 1795년 5월 만석거가 완성되었다. 비가 내리지 않으면 기우제를 지내 하늘에 빌었던 그 시절, 이제 가뭄은 천재가 아니었다. 저수지의 물을 퍼다 벼를 키우면 되었다. 실록은 1795년 11월 7일 화성의 둔전이 완성되었음을 기록한다.[36]

땅을 파고 씨앗을 뿌릴 경계를 정한다. 말 다섯 필, 수레 두 채가 종횡으로 달릴 수 있게 한다. 동남쪽 이랑을 깊이 파 경작하며 쉽게 김맬 수 있도록 한다. 척박한 땅을 기름지게 만들고 자갈밭을 옥토로 바꾼다. 그러면 좋은 토지를 충분히 얻을 수 있을 것이니, 1~2년이 채 지나지 않아서 농기구를 든 사람들이 구름처럼 모여들어 비 내린 논에 물꼬를 트는 아름다운 광경을 장차 보게 될 것이다.

공사를 진행할 때 품삯은 실적을 기준으로 지급한다. 힘이 센 자는 넉넉히 100전錢을 가져가고 약한 자도 한 몸은 충분히 먹고살 수 있을 것이다. 이것이 어찌 부富의 백성들만 혜택을 받는 일이겠는가. 마땅한 거처가 없어 품팔이로 생활을 꾸려나가는 자들 모두가 바람결에 소문을 듣고 다투어 달려와 술도 팔고 밥도 팔 것이다. 이 또한 의지할 곳 없는 백성들에게 이로운 일이 아니겠는가?

화성은 농업 시범 도시였고, 상업 도시였다. 18세기 조선의 진보적 역량이 총집결되어 일군, 변화를 선도하는 도시였다. 이 혁신의 선두에 정조가 있었고, 혁신의 배후에 실학자들의 개혁적 정신이 있었다. 일찍이 성호 이익은 농사를 중시했다. 안정된 삶은 농사에서 나온다. 농토는 안정된 삶의 터전이었다. 부지런히 웅덩이를 파고 보를 쌓자. 수리 시설을 만들어라. 거름을 준비하자. 모내기를 하고 김을 매라. 선비들이여, 텃밭에 채소를 심고 누에를 기르자. 정조는 성호학파의 중농주의를 온전히 이해하고 실천에 옮겼다.

또 있었다. 북학파의 박제가다. 박제가는 12세 연하의 정약용에게 변모하는 북경의 모습과 신기술을 입에 침이 마르도록 강조했을 것이다. 정조는 왜 규장각의 검서관들을 북경으로 파견했을까? 보지 않아도 훤하다. 북경의 유리창에 가서 서양 책들을 구입하여 규장각에 비치하라는 것이었다. 그렇지 않은가? 성호학파와 북학파, 18세기 조선의 진보적 사상을 열어간 실학의 두 흐름은 양수리의 아들 정약용에 의해 통합되었다. 정약용이 실학의 집대성자였다면 정조는 실학의 집행자였다. 화성은 실학의 총화였다.

정약용, 시대는 그를 버렸으나
그는 시대를 버리지 않았다

1800년 6월 정조가 승하하고 그의 아들 순조가 열한 살의 나이로 보위에 올랐다. 1545년 인종이 승하했을 때도 명종이 열두 살의 나이로 보위에 올랐었다. 명종은 그의 어머니 문정왕후가 섭정했지만 순조는 달랐다. 정순왕후가 섭정을 맡았다. 어린 나이에 영조의 비가 된 김씨 말이다.

또 피바람이 몰아쳤다.[37] "아! 통분스럽습니다. 이가환과 이승훈과 정약용이 저지른 죄를 어찌 보고만 있을 수 있겠습니까?" 사헌부는 탄핵했다. 신유사옥辛酉迫害의 칼날은 성호 이익의 제자들을 겨냥하고 있었다. 이익의 손자 이가환은 옥사했고 이승훈과 정약종은 서소문 밖에서 참수되었다. 정약용은 의금부에서 혹독한 고문을 당한 뒤 장기현으로 유배되었다. 그해 10월 또 의금부에 압송되어 조사를 받았고 강진으로 유배되었다.

고관대신이 유배를 오면 고을 아전들이 뒤를 돌보아주는 것이 당시의 풍속이었으나 천주쟁이는 달랐다. 천주쟁이는 문둥이였다. 사람들은 모두 정약용을 외면했다. 강진에 가면 다산 정약용이 머문 주막이 있다. 사의재라 불리는 이 주막의 할머니가 정약용을 품어주었다. 주막의 골방에서 정약용은 4년의 세월을 보낸다. 이 시절 아들 학연, 학유에게 보낸 편지가 있다. 유배지에서 보낸 편지다.

1802년 12월 22일　나는 천지간에 의지할 곳 없이 외롭게 서 있는지라 마음 붙여 살아갈 것이라고는 글과 붓이 있을 뿐이다. 모름지기 실용의 학문, 실학에 마음을 두어야 한다. 만백성에게 혜택을 주어야겠다는 뜻을 가진 뒤에야만 참다운 독서를 한 군자라 할 수 있다.[38]

둘째 형 정약전은 흑산도로 귀양 갔고 셋째 형 정약종은 참수당했다. 이가환은 옥사했고, 이승훈은 참수당했다. 왕도 죽었고 동지들도 모두 죽었다. 젊어선 세상을 바꿀 그날을 기다리며 신산고초를 다 견뎠으나 이제 남은 것은 절망뿐이다. 언제 풀릴지 기약 없는 것이 유배생활이다. 유배가 끝나도 아무 희망이 없다. 정약용의 집은 이미 폐족이 되었다.

그런 정약용, 아들들에게 만백성을 위해 책을 읽으란다. 독서만이 살길이라고 당부한다. 이순신이 옥에서 풀려나와 남쪽으로 내려갈 즈음 어머니의 부고를 듣는다. '천지간에 나 같은 이가 또 있으랴'라며 통곡하던 이순신의 아픔을 정약용도 똑같이 말한다. 천지간에 의지할 곳이라곤 글과 붓밖에 없단다. 세상은 그를 버렸다. 그런데 그는 세상을 버리지 않았다.

1808년 가을   두보의 시가 시의 왕좌를 차지한다. 시대를 아파하는
시가 아니면 시가 아니다. 민중에게 혜택을 주려는 마음이 없는 시는
시가 아니다. 역사적 사실을 인용하지 않고, 음풍영월吟風咏月이나 하
는 시는 시가 아니다.[39]

정약용은 요즘 말로 하면 참여 문학의 옹호자였다. '예술을 위한 예
술', 순수 문학을 거부한 선비였다. 많은 조선의 선비가 바람을 노래하
고 달을 노래할 때 정약용은 두 눈을 부릅뜨고 현실을 직시했다. 역사
의식을 고취하고, 비판 정신을 일깨우는 시만이 참된 시란다. 두보가
그랬듯이 정약용도 호소할 데 없는 민중의 아픔을 대변했다. 시란 이
렇게 쓰는 것이다. '남편은 전쟁터에 나가서 돌아오지 않고 시아버지는
죽은 지 3년이 넘었는데 아직 배냇물도 마르지 않은 갓난 아들과 함께
군보軍保에 올랐다. 관아에 호소하러 갔으나 오히려 호통만 당하고 군포
대신 소마저 빼앗겼다. 사내아이를 낳은 것을 원망하면서 칼을 갈아 아
들의 생식기를 잘라버렸다. 그런데도 부호들은 1년 내내 풍악을 울리
면서 쌀 한 톨, 베 한 치 내는 일이 없다. 다 같은 임금의 백성인데 이러
한 차별이 어찌 있을 수 있는가?'

두 아들에게   여러 날 밥을 끓이지 못하는 집이 있을 텐데 너희는 쌀
되라도 퍼다가 굶주림을 면하게 해주고 있느냐? 눈이 쌓여 추위에 쓰

러져 있는 집에는 장작개비라도 나누어주고 있느냐?[40]

눈물 젖은 빵을 먹어보지 않은 사람은 인생의 깊은 뜻을 모른다. 아침에 아이들은 밥을 달라고 보채지만 쌀독이 비어 있는 집의 여인이 겪는 검은 절망을 누가 알 것인가? 정약용, 그는 추위에 떨고 굶주리는 이웃의 아픔을 공유할 줄 아는 선비였다. 아버지는 두 아들에게 사회적 연대의 정신을 가르쳤다. 언제부터 우리 사회가 이토록 야박해졌던가!

두 아들에게   시골에 살면서 과수원이나 남새밭을 가꾸지 않는다면 세상에서 버림받는 일이 될 것이다. 남새밭 가꾸는 데는 땅을 반반하게 고르고 이랑을 바르게 하는 일이 중요하며, 흙은 가늘게 부수고 깊게 갈아 분가루처럼 부드러워야 한다. 절약하고 본 농사에 힘쓰

면서 부업으로 아름다운 결실을 얻을 수 있는 것이 이 남새밭 가꾸는 일이다.[41]

본디 선비란 죽어도 손에 흙을 묻히지 않는 사람들이었다. 이 계율을 타파한 이가 성호 이익이었고, 다산은 성호로부터 농사짓는 선비의 모습을 배운 것이다. 농사처럼 정직한 노동이 있으랴? 땀 흘려 수고한 만큼 땅은 결실을 준다. 그런데 아무나 농사를 짓나? 남새밭 한 고랑 가는 것도 정성이 들어가야 하고, 농사짓는 법을 알아야 한다. 아버지는 아들들에게 농사짓는 선비가 되라고 가르치고 있다. 집을 지어보아야 인생을 알고, 땀방울 흘려가며 농사를 지어보아야 인간이 된다는데…….

1816년 5월 3일　천하에는 두 가지 큰 기준이 있는데 옳고 그름의 기준이 그 하나요, 다른 하나는 이롭고 해로움에 관한 기준이다. 옳음을 고수하면서 이익을 얻을 수 있다면 최상의 선택이겠으나, 옳음을 고수하면서 해를 입는 경우는 차상일 것이다. 또 그름을 추구하면서 이익을 얻을 경우가 차악이라면, 그름을 추구하고도 해를 당하는 것은 최악의 선택일 것이다. 이기경에게 애걸해보라는 것은 잘해보았자 차악의 선택이며, 자칫 최악의 선택이 될 수가 있는데, 내가 그 짓을 해야 하겠느냐?

우리가 아는 다산 정약용은 현실 권력에서 찬밥 신세였다. 그뿐만 아니라 다산은 『조선왕조실록』에서도 찬밥 신세였다. 문과에 급제한 사대부의 경우 이름 석자만 치면 관련 기사가 수백 개 뜬다. 퇴계 이황이 1000여 회 거론된다. 퇴계야 워낙 고명한 학자여서 그렇다 치자. 정조 밑에서 남인을 대표한 채제공도 900여 회 거론되며, 영조 밑에서 어사를 했던 박문수도 500여 건 거론된다. 그런데 정약용은 고작 41회 거론된다. 좀 충격적이다. 그것도 대부분 천주교 관련 기사다. 사람을 너무 차별한 거 아닌가? 그런데 1810년에 정약용 기사가 나온다. 유배지에서 무슨 일이 있었나? 열어보았다. '정약용의 아들 정후상이 격쟁하여 아비를 신원했다'[42]는 기사다.

정약용의 경우 유배의 기간이 너무 길었다. 유배지로 가는 도중에도 유배가 풀리는 경우가 있었는데, 지금 정약용은 10년을 전라도 강진 바닷가에 처박힌 것이다. 우리는 정약용의 해배 시점을 알고 있지만 그 시절 유배에 처해진 정약용은 자신의 해배 시기를 모른다. 언제 풀릴지 기약이 없으니 미치고 환장하는 것이다. 그래서 아들들이 격쟁을 한 것이다. 격쟁을 해도 소용이 없었다. 그리하여 아들들은 권신에게 죄를 비는 서찰을 넣어달라고 아버지에게 호소했다. 이기경이 누군가? 순조 대에 활약한 천주교 탄압의 앞잡이가 아니던가? 1816년 작성된 편지이니, 정약용은 유배 생활 16년 차였다. 지칠 때도 되었다. 몸이 지치면 마음이 약해지고, 마음이 약해지면 눈이 흐려진다. 판단력을 잃는다. 한데 도리어 무슨 소리냐며 호통 치는 아버지 앞에서 아들들은 할 말을 잃었을 것이다.

나는 임술년(1802년) 봄부터 책을 저술하는 일에 마음을 기울여 붓과 벼루를 옆에 두고 밤낮으로 쉬지 않고 일해왔다. 시력은 형편없이 나빠졌고 왼쪽 팔이 마비되어 마침내 폐인이 다 되었다.[43]

다산은 아직 꺾이지 않았다. 주자를 넘어서기 위해 사서오경의 풀이를 새롭게 했고, 『주역周易』과 『예기禮記』를 다시 풀었다. 경전의 재해석을 완수한 다산은 저 높은 이론의 하늘에서 땅으로 내려왔다. 1817년 『경세유표經世遺表』의 집필에 착수했다. 1818년 해배되었다. 고향 양수리에서 『목민심서牧民心書』를 집필했고 이어 1819년 『흠흠신서欽欽新書』를 집필했다. 1표 2서를 완성한 것이다.

조선의 부자들

조선 초기의 상인, 백달원

시장에 가면 풍성하다. 시장에 가면 쌀과 보리, 콩과 조, 곡물전이 있고, 시장에 가면 고등어와 명태, 갈치와 꽁치, 어물전이 있고, 시장에 가면 팥죽과 국수, 주모와 엿장수 간식거리가 있다. 예나 지금이나 흥청대는 생명의 숨결이 느껴지는 곳이 시장이다. 시장에 가면 이 가게 저 가게 기웃거리는 손님이 있고, "왔어요, 왔어, 목포 먹갈치가 왔어요"라고 소리치는 장사꾼이 있고, "하나만 더 얹어주세요"라며 더 달라는 아줌마가 있고, "그렇게 팔면 남는 게 없어" 하며 죽는 시늉을 하는 할머니가 있다. 시장은 살아 있는 삶의 마당이다.

선조들은 시장에 물건을 공급하는 상인을 장돌뱅이라고 불렀고, 장사치라고도 불렀으며, 좀 폼 나게 보부상褓負商이라고도 불렀다.[44] 보부상은 보상褓商과 부상負商의 합성어다. 보상은 봇짐장수요, 부상은 등짐

장수다. 부피가 크고 값은 헐한 물건을 지게에 가득 지고 이 장 저 장을 돌아다니는 등짐장수가 부상이다. 큰 항아리를 지게에 지고 나르는 상인 말이다. 부피는 작지만 값이 나가는 물건들을 상자에 넣어 어깨에 메고 돌아다니는 봇짐장수가 보상이다.

아무나 보부상을 하는 것이 아니었다. 보부상들에게는 그들의 두령이 있고, 그들을 관리하는 임방任房이라는 정부 조직이 있었다. 보부상들에겐 엄격한 규율이 있었다.

백달원이라는 보부상의 장사꾼이 있었다. 태조 이성계가 동북면 함주에서 웅거하던 시절의 인물이다. 백달원은 본디 노비 출신이었는데, 주인아씨와 정을 통하고 사랑을 나누었다. 함께 도망을 쳤다. 함경도의 산수 갑산 깊은 산골로 도피했다. 백달원은 소금 장수의 길을 나섰다. 소금 대신 받은 짐승 가죽을 손질하여 함주에 팔았다. 그러던 중 화살을 맞고 피를 흘리는 동북면 장수를 목격한 백달원은 장수를 말에 태워 자신의 집으로 모셔온 뒤 지극 정성으로 보살펴주었다. 이 장수가 태조 이성계였다.

이성계와 맺은 인연으로 백달원은 동북면 일대를 주름잡는 대상大商으로 성장했다. 고려 조정에서 이성계의 군대에 보내주는 물자가 항상 부족했기 때문에 백달원은 곡식이며 갑옷이며 말까지 조달했다. 이성계가 고려 조정의 실세가 되자 자연스럽게 백달원은 개성 상권을 장악하게 되었다. 이성계는 상인들의 업무를 관장하는 임방을 설치하고 그 책임을 백달원에게 맡겼다. 백달원은 어물, 소금, 목기, 토기, 쇠그릇 등 다섯 가지 물품에 대한 전매 특권을 부여받았다. 백달원은 임방을 통해 전국의 상인들을 통제했고, 상인들이 마음껏 장사할 수 있도록 보호해주었다. 백달원은 네 가지 장사꾼의 규율을 만들어 시행했다.[45]

첫째, 막말을 하지 마라 勿惡言.
둘째, 거친 짓을 하지 마라 勿悖行.
셋째, 음란한 짓을 하지 마라 勿淫亂.
넷째, 남의 것을 훔치지 마라 勿盜賊.

해운왕 김세만

어린 시절 김세만은 쌀을 나르는 세곡선의 선주가 되는 것이 소원이었다. 동생이 세곡선에서 쌀을 훔치다 죽었기 때문이다. 그는 악바리처럼 돈을 벌어 세곡선 선주가 되기로 작심했다. 김세만은 매일 지게를 지고 삯일을 다녔다. 번 돈은 한 푼도 낭비하지 않고 모았다. 마포나루와 용산 나루에서 쉬지 않고 일을 했다. 마포 나루는 새우젓을 비롯한 어물을 나르는 짐이 많았고, 용산 나루는 미곡을 운반하고 하역하는 일이 많았다. 겨울에는 한강에서 얼음을 캐는 빙정 일도 했고, 나룻배로 사람을 실어 나르는 일도 했다. 일거리가 없을 때는 강에서 물고기를 잡아 팔았다.

김세만은 세곡선에서 일하면서 선주들이 불량한 짓을 하는 것을 목격했다. 쌀을 일부 빼먹고, 그 대신 쌀가마니에 물을 부어 정량을 속이는 화수和水 짓을 보았다. 김세만은 다짐했다. 선주가 되면 반드시 정직하게 물품을 운반하리라고. 세곡선을 바다에 일부러 가라앉힌 다음 사고가 난 것으로 거짓 보고하고 가라앉힌 배의 미곡을 다시 끄집어내 횡령하는 것까지 보았다.

김세만은 10여 년 동안 모은 돈으로 마침내 배 한 척을 샀다. 쌀을 50가마니 실을 수 있는 황포돛배였다. 김세만은 고사를 지낸 뒤 깃발을 높이 걸었다. '약속을 지킨다', '사람을 공경한다', '정직하게 운반한다', '이익을 나눈다'.⁴⁶ 소문은 빨리 퍼졌다. 김세만의 정직이 관아에 들어가는 데는 오랜 시간이 걸리지 않았다. 경강상인들은 중요한 물품일수록 김세만에게 맡겼다. 이제 김세만은 배 다섯 척을 소유하게 되었다. 선단을 거느린 것이다. 선혜청에서 세곡 운반을 맡겼다. 마침내 세곡선 선주가 되겠다는 어린 시절의 꿈을 이룬 것이다.

호사다마好事多魔라던가. 김세만은 쌀 100석을 싣고 황해도 용매진으로 갔다. 황해도는 흉년이 심했다. 갑자기 돌풍이 불었고, 파도가 솟구쳐 갑판에 있던 김세만이 바다에 빠졌다. 용매진의 군사들이 바다로 뛰어들어 김세만을 구했다. 김세만은 싣고 가던 쌀 100석을 모두 용매진 사람들에게 기부했다. '당신들이 나를 구해주지 않았다면 이 쌀 100석이 무슨 소용이냐'는 것이었다. 「숙종실록」은 김세만에 대해 이렇게 전한다.

경강의 백성 김세만에게 절충장군의 품계를 주었다. 김세만은 한양의 서강에 사는데, 장사를 위해 쌀 100여 석을 사서 배에 싣고 황해도 용매진, 수군기지에 이르렀을 때 배가 뒤집혀 거의 물에 빠져죽을 뻔했는데, 다른 사람에 의해 구조되었다. 때마침 흉년이 들어 곡식을 내지 못하여 먼 곳에서 사오려고 하던 참이었다. 김세만은 100여 석을 모두 기부했다. 용매진의 장수가 그 값을 돈으로 계산해주었지만 또한 받지 않았다.⁴⁷

1719년(숙종 45년) 7월 11일의 기록이다.

인삼으로 거부가 된 임상옥

이재민들을 구제한 공으로 군수가 된 상인이 있다. 임상옥이다. 임상옥은 어려서 청나라로 인삼을 팔러 가는 상인들의 짐꾼이 되어 청나라를 왕래했다. 중국으로 가는 사신단의 수는 수백 명이었지만 사신은 수십 명에 지나지 않고 대부분 장사꾼들이었다. 조선의 상인들은 중국에 인삼을 팔고 비단을 사왔다.

더러 불량한 장사꾼이 있었다. 그들은 도라지를 인삼이라고 속여 팔았다. 1821년의 일이었다. 중국 상인들이 갑자기 조선의 인삼을 사지 않겠다고 선언했다. 속여 팔았던 도라지가 들통난 것이다. 이를 어쩌나. 인삼은 빠른 시일 내에 팔지 못하면 썩는 식물이어서 북경에 가져간 인삼을 그곳에서 팔지 못하면 조선의 상인들은 모두 쫄딱 망하게 되어 있었다. 일부 조선 상인들은 헐값에 인삼을 넘기기 시작했다.

임상옥은 사태를 간파했다. 도라지를 속여 팔았다고 해서 인삼 불매 선언까지 하는 것은 과도한 대응 아닌가? 이것은 중국인의 불매 동맹이었다. 하지만 조선 상인들은 한 뿌리라도 더 팔기 위해 애걸복걸했다. 그때 임상옥은 선언했다. 조선 상인들이 가져온 인삼을 자신이 일괄 매입하겠다는 것이다. 물론 인삼을 처분한 후 대금을 지급하는 어음 거래였다. 임상옥은 어음을 써주고 인삼을 다 사들였다.

임상옥은 짚더미를 산처럼 쌓아놓고 그 위에 인삼을 얹은 다음 불을 질렀다. 중국 상인들은 깜짝 놀랐다. 하나둘씩 몰래 인삼을 거래하자는 청이 들어왔다. 임상옥은 거절했다. 값이 오르기 시작했다. 두 배에서 네 배로 올랐다. 임상옥은 거절했다. 열 배까지 치솟았다. 결국 청나라 상인들이 임상옥에게 무릎을 꿇은 것이다.

임상옥은 거부가 되어 돌아왔다. 먼저 조선으로 들어오는 길목인 의주 관아에 들러 수만 냥의 돈을 내놓았다. 배고픈 사람들의 구휼용이었다. 이조판서 박종경[48]이 이 소식을 듣고 임상옥에게 인삼독점권을 내려주었다.

임상옥은 재물에 연연하지 않았다. 홍경래의 난이 휩쓸고 지나간 다음 해 관북지방에 큰 폭우가 쏟아졌다. 이재민이 발생했다. 가을이 되자 먹을 것이 없는 백성들이 쓰러져 뒹굴었다. 임상옥은 창고를 열었다. 하루에 수천 명이 찾아와 쌀을 퍼갔다. 임상옥의 창고가 텅텅 비었다.

이 소식이 조정에 보고되었고 나라에서는 그를 곽산 군수로 임명했다. 임상옥은 한양에 올라가 헌종에게 인사를 올렸다. 임상옥은 곽산 군수로 부임하여 선정을 베풀었다. 헌종은 그를 다시 귀성 부사에 임명

했다. 1835년(헌종 1년) 6월 26일의 일이다.[49]

경주 최씨 부자들의 이야기

경주 최 부잣집 12대의 시작은 최진립이었다. 최진립은 임진 왜란 당시 결사대 수백 명을 이끌고 일본군과 싸워 대승을 거둔 장수였다. 병자호란이 일어나자 용인에서 후금군과 싸우다 전사했다.[50] 최진립은 고향 월성에 약간의 농지가 있어 이를 아들 최동량에게 물려주었다. 최 부자의 재산 증식은 이때부터다. 최동량은 아버지의 시신을 수습하고 삼년상을 치른 다음 땀 흘려 농사를 짓기 시작했다. 아들 최국선과 함께 농법을 연구했다. 논밭을 기름지게 하는 시비법과 일손을 줄이는 이앙법을 적극 도입했다. 최국선도 가업을 이어받아 재산을 증식해갔다. 어느 사이에 3000석 부자가 되었다.

1671년 큰 흉년이 들었다. 농민들은 거지가 되어 구걸했다. 최국선은 죽을 쑤어 걸인들을 구제했다. 그해 흉년은 지독했다. 3~4월 보릿고개가 오자 굶어죽는 사람이 더욱 많아졌다. 곳간의 쌀 1000석을 풀었다. 굶주린 이웃들에게 나누어주었다. 최국선은 이후 해마다 소출의 3분의 1을 빈민 구제에 내놓았다. 죽을 때, 쌀을 빌려간 사람들의 문서를 불태우라고 유언을 남겼다. 그는 최씨가의 여섯 가지 가훈을 유언으로 남겼다.

과거를 보되 진사 이상 하지 마라.

학문은 게을리하지 않되 권력은 탐하지 말라는 것이다.

재산을 만 석 이상 모으지 마라.

재물은 더 많은 재물을 자극한다. 재물의 노예가 되지 말라는 것이다.

흉년에는 재산을 늘리지 마라.

흉년이 들면 굶주리는 농민들이 땅 문서를 들고 온다. 그러면 지주는 땅 문서를 헐값에 매입한다. 흉년을 치부 수단으로 삼지 말라는 것이다.

나그네를 후하게 대접하라.

한양으로 올라가는 선비들, 지나가는 보부상들에게 후한 밥상을 차려 대접하라는 이야기다. 선비들과 보부상들이 최씨가에 들러 묵고 간다.

사방 100리 안에 굶어 죽는 사람이 없게 하라.

인근의 농민들이 굶어 죽지 않도록 돌보는 것은 부자의 사회적 책임이다. 최씨가의 가훈은 조선판 노블레스 오블리주였다.

최씨가의 며느리는 3년 동안 무명옷을 입게 하라.

부잣집 며느리라 하여 비단옷을 입지 말고 무명옷을 입으라는 것은 사치하지 말고 검소하게 살라는 것이었다.

12대 최준에 이르러 나라를 일본에 빼앗기자 '나라가 없으면 부자도 없다'는 신념으로 전 재산을 독립자금으로 내놓았다. 광복 후에는 교육 사업에 전 재산을 기부했다. 최 부자가 12대, 300여 년 만에 막을 내린 이유다.

1776년 그해 있었던 일

정조가 보위에 오른 것은 1776년 3월 10일이었다.[51] 아버지 사도세자가 죽은 것은 1762년, 정조의 나이 열한 살 때였다. 그 소년이 25세의 청년으로 장성하여 마침내 왕의 자리에 오른 것이다. '아버지를 살려달라'고 할아버지에게 매달렸던 그날을 어찌 잊을 수 있으랴. 역사는 다시 노론과 소론의 다툼으로, 노론과 남인의 힘겨루기로 이어지는데, 나는 잠시 바깥나들이를 하고자 한다.

1776년은 혁명의 해였다. 지구상의 많은 나라가 오늘 '왕이 없는 세상'에서 살고 있는 까닭은 바로 1776년의 사건에서 연원한다. '자유가 아니면 죽음을 달라.' 대서양 건너에서 식민지를 개척하던 영국의 젊은이들이 모국으로부터 독립을 선언한다. 1776년 7월 4일이었다. 토머스 제퍼슨Thomas Jefferson이 기초한 독립선언서 앞에서 한 떼의 젊은이들이 엄숙히 서약했다. '모든 사람은 평등하게 태어났음'을. 그들은 확신했다. '신은 인간에게 생명권과 자유권과 행복추구의 권리를 주었음'을. 그들은 다짐했다. '이 세 가지 천부인권을 보장하기 위해 만든 것이 정부'임을. 그들은 선포했다. '주권은 인민의 동의에서 나온다는 것'을. 그들은 약속했다. '정부가 이런 목적을 파괴할 때 인민은 언제든지 정부를 타도하고 새로운 정부를 세울 것'임을. 이어 그들은 조지 워싱턴George

Washington을 독립군 총사령관으로 삼고, 전쟁에 돌입했다. 그들에겐 중세 1000년을 무겁게 짓눌러온 봉건제가 없었다. 독립 전쟁에서 승리한 후 그들만의 나라, 그들만의 헌법을 만들면 끝이었다. 그리하여 조지 워싱턴은 인류 역사상 최초의 대통령이 되었다.

그들이 서약한 독립선언서는 알고 보면 존 로크John Locke의 『통치론』을 베낀 것이었다. 1689년 존 로크가 영국의 명예혁명을 정당화하기 위해 작성한 『통치론』이 혁명적 실천의 강령으로 채택된 것은 바다 건너 미국에서였다. 물론 현실은 선언서의 글귀와 달랐다. 그들은 만민평등을 다짐했으나 평등한 것은 1만 명뿐이었다. 여전히 여성은 남성의 노리개였고, 여전히 흑인은 백인의 종이었다. 대농장을 운영하는 한 떼의 지주와 선박 주인, 은행가와 공장주가 미국의 주인이었다. 하지만 선언서가 현실과 다르다 하여 선언서의 역사적 의미를 조금이라도 폄하할 것은 없다. 로크의 혁명 사상을 정치 강령으로 삼은 미국의 독립선언서는 이후 프랑스혁명의 인권선언서로 이어진다. 또한 바다를 건너고 대륙을 넘어 1919년 3월 1일 '기미독립선언서'로도 이어진다.

그해 역사는 또 하나의 사건을 목격한다. 세상을 뒤엎는 혁명의 교과서가 탄생한 것이다. 이 교과서에 의하면 전제 군주도 필요 없고, 강한 정부도 필요 없다. 수입을 규제할 것도 없고, 수출을 권장할 것도 없다. 관료도 필요 없고, 군대도 필요 없다. 식민지도 필요 없고, 식민지에 군대를 주둔시킬 필요도 없다. 그냥 내버려두라.

'냅둬'. 이 말을 영어로 바꾸면 '렛 잇 비 던Let it be done'이고 프랑스어로 바꾸면 '레세 페르Laissez Faire'다. 한자로는 '자유방임自由放任'이다. 자유주의자 애덤 스미스Adam Smith가 한 권의 경제서를 집필했다. 『국부론』이다. 갈 길이 멀다. 한 나라의 부는 공장에서 나온다. 농업도 아니고 상업도 아니다. 모두가 살길은 공업이다. 공장에서 확산되는 분업이 생산력 발전의 근원이다. 그러니 부를 축적하는 사람들더러 모리배라고 욕하지 마라. 그들의 축적을 내버려둬라. 그들의 공장이 세상을 바꿀 것이다. 아무도 보지 못했지만, 스미스는 보았다. 핀 공장을 보았다. 그곳에서 10배의 생산성이 터져 나오고 있었다. 분업의 마술을 스미스는 『국부론』에 담았다. 목하 진행 중인 세계사적 대변혁, 산업혁명의 경제 교과서였다.

1776년 영국에선 새로운 경제체제, 자유로운 경제체제를 주창하는 경제 교과서가 나오고 미국에선 새 나라, 새 헌법, 새로운 통치자 대통령이 나오는데, 답답한 것은 프랑스였다. 1774년 왕이 된 루이 16세는 아직 부부의 예도 모르는 열 살의 소년이었다. 금고와 열쇠 만드는 것을 좋아했으니, 불운한 왕이었다. 열쇠 수리공으로 살았더라면 얼마나 행복했을까? 답답하니 하는 일이 사냥이었다.

1778년 프랑스의 정신을 이끌어온 두 명의 혁명적 지식인이 타계한다. 볼테르와 루소다. 볼테르는 입헌군주제를 옹호했고, 루소는 공화제를 옹호했다. 프랑스혁명의 온건파 지롱드파는 볼테르의 제자들이었고, 과격파 자코뱅파는 루소의 제자들이었다. 프랑스는 답답했다. 되는 것도 없고, 안 되는 것도 없었다. 총명한 재상 자크 네케르Jacques Necker가 왕가의 재정난을 개선하려 했으나 실패했다. 답답해진 왕은 귀족들에게 손을 내민다. 돈 좀 달라고. 돈은 부르주아지들에게 있었다. 귀족들은 부르주아지들의 호주머니를 털기 위해 삼부회를 소집한다. 1789년 5월의 일이다.

Tip 2

철학 하는 여성, 임윤지당

허난설헌이 오빠 허봉에게서 글을 배우고 동생 허균과 함께 손곡 이달로부터 시를 배웠듯이, 임윤지당(1721~1793)도 오빠 임성주에게 글을 배우고 동생 임정주와 함께 어깨너머로 학문을 배웠다. "독서는 장부의 일이고 여성은 집안일 하기 바쁜데 어느 겨를에 책을 읽고 외우겠는가?" 시대는 여성을 비하했으나 임윤지당은 어려서부터 남달랐다. 고금의 인물에 대한 논평은 논리적이었고 일의 시비는 단호했다. 역시 허난설헌이 김성립에게 시집을 가듯, 임윤지당은 신광유에게 시집을 갔다. 신광유는 오래 살지 못하고, 임윤지당에게 독수공방을 남겨주었다. 임윤지당은 외로웠다. 시동생을 돌보며 평생을 살았다.

 어느 날이었다. 저녁을 먹고 밤은 깊었다. 분주하던 안채도 적막이 되었다. 그런데 등불이 비치고 여인의 책 읽는 소리가 들려왔다. 시동생 신광우는 가만히 귀를 기울였다. 그 어려운 주자의 『중용장구中庸章句』가 아닌가? 하루 일과를 마치고 형수님께서 보따리를 풀어 공부에 빠져들고 있었다. 밖에서 엿듣는 것도 모른 채 독서삼매에 빠져 있었다. 형수님은 붓을 꺼내 쓰기 시작했다.

제 생각으로는 『중용中庸』 27장에서 "돈독하고 후덕하며 예를 존중한다"

라고 한 것은 '존심存心'의 범주에 넣어야 할 것 같은데, 주자는 왜 그렇게 하지 않았는지 모르겠습니다.[52]

윤지당은 편지를 써서 오빠 임성주에게 보냈고, 얼마 후 임성주의 답신이 왔다. 임성주는 누구인가? 조선 성리학의 6대 대가 아니던가? 오빠도 동생의 이견에 동의했다. 주자의 경전 해석이 절대의 진리로 통하던 그 시절, 조선의 한 여성이 주자의 풀이에 이견을 제출한 것이다. 남자들은 과거를 위해 주자를 공부하지만 임윤지당은 진리를 위해 주자를 공부했다. 남자들은 주자의 세계관에서 사대부의 지배를 정당화하는 이념을 배우지만 임윤지당은 사대부의 지배를 그대로 받아들일 수 없었다. 그녀는 남자와 여자의 차이를 용인할 수 없었다.

성인은 우리와 같은 사람입니다. 보통 사람과 성인은 다 같이 태극의 이치를 얻어 본성으로 삼았을 뿐입니다.[53]

그녀는 심성의 수련을 통해 누구나 성인이 될 수 있다고 믿었다. 남자와 여자의 존재를 음양의 상호 보완 관계로 인식했다. 남자의 도는 씩씩한 것이고, 여자의 도는 부드러운 것이다. 씩씩한 것과 부드러운 것은 서로를 만나 생명을 낳는다. 우주와 생명의 운동에 있어서 음과 양은 서로를 필요로 하는 상호 보완 관계에 있는 것이다. 양이 지배하고 음은 복종하는 수직적 지배-피지배의 관계로 보는 것은 잘못이다. 여성도 성인이 될 수 있다. 그녀는 말한다.

나는 비록 여자이지만 성인을 사모하는 뜻은 간절하다. 하늘로부터 부여받은 본성은 남녀 간에 차이가 없다.[54]

　철학자 임윤지당, 그녀의 삶은 불우했다. 난산 끝에 낳은 아이가 일찍 죽었다. 슬하에 자식이 없자 시동생 신광우의 아들을 키웠으나 이 아들 또한 죽었다. 낮에는 시댁 식구들을 보살피느라 바삐 살았고, 밤에야 책 보따리를 풀었다. 만년에는 독서와 저술에 힘쓰다 73세의 나이로 별세했다. 『윤지당유고允摯堂遺稿』는 윤지당의 사상을 집약해놓은 문집이다. 그녀가 작고하고 3년 후 친정 동생인 임정주와 시동생 신광우가 힘을 합쳐 편찬한 것이다. 윤지당의 『대학경의』와 『중용경의』는 경전의 중요 구절을 심도 있게 분석하고, 자신의 견해를 덧붙인 매우 독창적인 해석서다. 저 높은 주자의 권위에도 불구하고 흔들림 없이 진리를 파헤쳐나가는 철학자 임윤지당, 어느 나라 어느 시대의 여성이었던가!

진경과 토착

최완수는 조선 문화 예찬론자다. 그는 자신의 저서 『진경시대』에서
말한다.

백 세의 천수를 누리고 노쇠하여 돌아가는 사람의 무기력하고 쇠잔한
모습을 가지고 그 사람의 평생 모습이었다고 한다면 그 말이 옳은 말일
수 있겠는가. 활기차고 꽃다운 청소년 시절이 있었고, 장중하고 농익은
중년의 절정기도 있었기에 노년에 이를 수 있었던 것이다.[55]

　최완수는 지금 우리에게 영정조 시대의 농익은 문화를 바로 보자
는 설교를 하려고 미리 밑밥을 깔고 있는 것이다. 왜 노년의 쇠잔한
모습만 봐? 당신은 조선의 진경시대를 아는가? 최완수에 의하면
숙종대(1674~1720)에서 정조대(1776~1800)에 걸치는 126년이 조
선의 진경시대란다.
　삼연 김창흡(1653~1722)은 병자호란 때 주전파로 유명한 김상
헌의 증손이다. 그 김창흡이 국토 예찬의 시를 쓰면서 진경시대
의 시문학을 연다. 김창흡의 영향을 받으면서 진경시의 대가 사
천 이병연(1671~1751)이 등장하고, 진경산수화의 대가 겸재 정선
(1676~1759)이 등장한다. 이병연과 정선, 시인과 화가는 찰떡궁합

이었다. 정선이 그림을 그리면 이병연은 시를 쓰고, 이병연이 시를 쓰면 정선은 그림을 그린다.

사천 이병연은 조선 고유의 예술 양식을 창안한 영조대의 대표적 시인이었다. 효종이 가고 북벌론도 시들해지자 군사적 북벌론을 대신하여 정신적 북벌론, 이른바 소중화주의가 유행한다. 양란의 후유증을 극복하고 국력이 축적되면서 점차 문화적 자존 의식이 일어났다. 이병연과 정선은 북악산 아래 동네에서 태어나 함께 자란 죽마고우였다. 이병연과 정선은 조선 특유의 예술 양식을 창조한다.

이병연의 시 세계는 조선의 토속어로 조선의 산하와 풍물을 읊어낸다. 직접 삼천리 방방곡곡을 걸으면서 본 대로 느낀 대로 시를 썼다. 이병연의 진경시는 지방의 특징과 색채를 강렬하게 나타내고 있다. 그의 시집 한 권이 중국에 소개되자 중국의 문사들이 혀를 내둘렀다고 한다.

정선은 가난한 양반 가문의 맏아들이었다. 열 살 무렵 끼니를 잇기 위해 남의 집에서 품을 팔아야 했다. 그림에 대한 열정만은 잊을 수 없었다. 정선은 김창흡의 문하에 드나들었다. 김창흡에게서 성리학과 시문을 배웠다. 그 대신 정선은 김창흡에게 '청풍계淸風溪'[56]를 그려주었다.

정선은 국왕 영조의 총애를 받았다. 그림에 있어서만큼은 영조가 정선의 제자가 되었다. 왕이 그림을 배우다니!

남산의 풍광을 담은 정선의 '목멱조돈木覓朝暾'은 이병연의 시에 맞춰 그린 그림이다. 여명의 새벽빛이 어슴푸레한 이른 아침, 멀리 남산 위로 아침 해가 떠오르고, 노 저어 가는 낚싯배 뒤로 강 건너편

집들이 잠긴다. 그림이 시가 되고 시가 그림이 된다. 현재 올림픽도로를 타고 김포공항 쪽으로 가다가 왼쪽을 바라보면 개화산이 있고 거기에 개화사가 있었다. 정선은 개화사를 그렸고, 이병연은 그 그림 위에 시를 썼다.

　시인과 화가는 젊은 시절 개화사에서 함께 책을 읽었나 보다. 우정을 추억하는 시와 그림이다. 1751년 겸재의 죽마고우이자 지음知音인 이병연이 먼저 세상을 하직한다. 슬픔을 달래기 위해 겸재는 친구와 함께 놀던 북악산을 오른다. 인왕산 계곡 일대를 바라보며 비가 그친 정경을 일필휘지로 휘두른다. 장쾌한 '인왕제색도仁王霽色圖'57가 탄생한다. 이병연의 시와 정선의 그림은 18세기 전반 조선 문화와 예술의 진수를 남김없이 보여주는 실증이며, 당대 조선 문화계의 수준을 가늠케 하는 생생한 징표다.

신재효와 호메로스

2006년 가을 어느 날, 안숙선 명창이 파리의 청중 앞에서 판소리 「심청가」를 열창하고 있었다. 한국어를 알아듣지 못하는 프랑스인들이 점차 안숙선의 소리에 빨려 들어가고 있었다. 심청과 아비의 이별 장면에서 청중들은 모두 눈물을 글썽였다. 그날 판소리가 끝나고, 프랑스인 기자 쿠페가 안숙선을 만나 판소리의 비밀을 취재했다. 쿠페는 판소리의 작자가 누구인지 물었고, 안숙선은 판소리 여섯 마당의 집대성자가 신재효라고 답해주었다. 쿠페는 신재효가 한국의 셰익스피어라고 말했다.[58]

  2003년 세계 유네스코 위원회는 판소리를 '인류 구전 및 무형 유산 걸작'으로 등재한 바 있다. 판소리는 한국인이 세계에 자랑스럽게 내놓을 수 있는 세계적인 무형 문화이자 매우 독특한 문화유산이다. 만일 누가 나에게 한국인의 정체성에 대해 묻는다면, 나는 더듬거리면서 이렇게 말할 것이다.

  "나는 젊은 시절 서양인의 합리적 사유에 따라 세계를 해석하는 법을 배웠소. 합리적 사유의 바로 밑에는 합리적 사유를 움직이는 도덕적 사유의 층이 있는데, 나의 도덕은 선비 정신에 의존하고 있는 듯하오. 불의를 보면 참지 못하고, 어려운 이웃을 보면 돕고 싶어 하는 성향이나 사적인 이익보다 공적인 대의를 중시하는 나의 성향은 모두 선비 정신과 연결되어 있는 것 같소. 그런데 이 도덕적 성향 바로 아래에서 나의 정서를 움직이는 감성의 층이 있는데, 이 감성의 층에는 한恨이 있고, 눈물이 있소."

내가 한과 해학, 이것을 뛰어넘는 광기를 판소리에서 배운 것인지, 판소리가 이런 정서를 담아낸 것인지, 나는 잘 모르겠다. 분명한 것은 판소리에 담긴 감성을 빼놓고는 한국인의 정체성을 제대로 풀이할 수 없다는 것이다.

신재효가 한국의 셰익스피어라는 프랑스 기자 쿠페의 평가는 잘못된 것이다. 신재효가 집대성한 판소리 대본은 셰익스피어가 작성한 희곡 대본이 아니기 때문이다. 판소리 문학과 가장 유사한 유럽의 문학은 호메로스의 서사시다. 호메로스의 서사시는 처음부터 끝까지 한 명의 가객이 완창한다. 그 가객을 랍소도스rhapsodos라 부른다. 서사시를 완창하는 랍소도스가 있다면, 서사시를 창작하는 시인인 아오이도스aoidos가 있다. 『일리아스』와 『오디세이아』를 창작한 시인 호메로스가 아오이도스였다면, 판소리 여섯 마당을 집대성한 문인 신재효가 아오이도스였다. 이즈음 누군가 속삭인다. '호메로스는 시를 창작한 시인이고, 신재효는 떠돌아다니던 판소리를 수집하여 재정리한 문인이었다는 점에서 서로 동렬에 놓을 수는 없지 않소?'

맞는 이야기다. 나도 신재효의 창조성을 호메로스의 창조성과 같다고 평가하는 것은 무리라고 생각한다. 작품의 길이가 다르고, 작품의 통합성이 다르며, 무엇보다 작품의 예술성과 철학적 깊이가 다르다. 하지만 신재효가 떠돌아다니던 판소리를 모아 판소리 여섯 마당을 완성한 것이나 호메로스가 당대에 입에서 입으로 전해 내려오던 여러 판본의 서사시를 수집하여 그의 작품을 완성한 것은 방법에 있어서 똑같았다. 호메로스가 창작 시인 아오이도스였다면 신재효도 아오이도스였다. 나는 대본의 문학성은 호메로스의 시가 판소리 여섯 마당보다 한 수 위임을 인정한다. 하지만 호메로스의 시를 읊는 여섯 박자의 운율, 그 장중함은 판소리의 높고 낮은 소리, 간장이 끊어질듯 슬픈 소리, 폭포보다 더 우렁찬 소리, 자지러질 듯 웃기는 소리 등 판소리의 예술성에 비해 한 수 아래이지 않을까?

신재효가 김해 부사 정현석과 서신을 주고받은 것은 1873년이었다. 정현석은 판소리에 대해 깊은 예술적 안목을 가진 분이었다. 신재효는 썼다.

저는 판소리를 좋아하여 지난 20여 년 동안 열심히 소리꾼들을 도왔습니다. 또 동리정사를 지어 소리꾼들을 키우는 학교를 운영하고 있습니다. 저는 어떻게 하면 소리꾼들이 바르고 품위 있는 소리를 할 수 있을지 고심하며 연구하고 있습니다.[59]

이렇게 시작하는 편지에서 신재효는 저 유명한 「광대가廣大歌」를 전개한다. 「광대가」란 소리꾼이 명창의 반열에 오르기 위해 갖추어야 할 네 가지 조건에 관한 신재효의 견해다. 그는 말한다. "광대의 제일은 인물치레요, 둘째는 사설치레요, 셋째는 득음치레요, 넷째가 너름새라." 신재효가 광대의 첫째 조건으로 강조하는 인물치레란 잘생긴 외모만을 가리키는 것이 아니었다. 표정 연기와 무대 매너를 포함하여 청중을 압도하는 소리꾼의 품격을 의미했다. 둘째, 사설치레란 소리꾼이 대본을 암송하여 막힘없이 연출하는 능력만을 가리키는 것이 아니었다. 대사 한마디를 읊을 때 그 대사의 내면을 체득하여 그에 어울리는 감정을 표현하는 능력을 의미했다. 셋째, 득음치레란 말 그대로 온갖 감정을 자유자재로 표현해내는 소리 실력을 갖추어야 한다는 것이다. 소리란 기교로 되는 것이 아니다. 소리꾼은 온몸으로 정서를 대변해야 한다. 그러기 위해 소리꾼은 발성법에 있어서 입신의 경지에 들어야 한다. 끌어 올리는 목소리와 차차 돌리는 목소리, 청원하는 목소리와 애원하는 목소리, 질타하는 호령 소리와 찬바람 부는 소리 등 온갖 소리를 자유자재로 낼 줄 알아야 한다. 넷째, 너름새란 소리꾼의 몸동작이다. 판소리는 소리꾼의 몸동작과 함께 진행되는 한 편의 연극이다. 좌중을 웃기고 울리는 연극적 요소가 너름새다.

안숙선 명창이 파리의 동양박물관 공연장에서 「심청가」를 창할 수 있었던 것은 신재효의 판소리 여섯 마당의 대본이 있었기 때문이다. 뿐만이 아니었다. 신재효가 있었기에 여성 명창들이 출현할 수 있었다. 신재효는 제자 진채선을 키웠다. 그러고 보면 신재효는 판소리의 세계에 여성이 참여할 수 있도록 금기를 깬 선구자였다. 1868년 신재효는 진채선과 함께 경복궁 재건을 축하하는 잔치 자리에 갔다. 대원군의 예술 감각은 진채선의 소리를 감식했다. 신재효는 운현궁에 진채선을 남겨놓고 고향으로 내려왔다. 제자를 그리워하는 마음을 담아 「도리화가桃梨花歌」를 지었다. 1870년 59세 초로의 스승이 24세 제자 채선에게 준 「도리화가」는 일종의 연서戀書였다.

대원군은 채선의 마음을 알았고, 마침내 채선은 운현궁을 나와 고향으로, 스승이 계시는 고창으로 돌아왔다. 채선이 돌아온 이후 신재효는 판소리 여섯 마당을 정리하기 시작했다. 1873년의 일이었다.

신재효, 그는 남이 가지 않은 길을 간 분이었다. 살아선 외롭고 힘든 길을 갔으나 우리는 그의 이름을 잊지 않을 것이다. 그로 인해 한국인에겐 판소리가 있다.

6부

500년 왕조의 파국

―――――― 동학혁명은 1895년 1월 초에 진압되었으며 그들의 지도자 전봉준은 서울로 압송되었다. 서소문 밖 북경로의 가장 붐비는 장터에 전봉준의 목 잘린 머리가 걸려 있고 그 아래에 다른 사람의 목 잘린 머리가 걸려 있는 것을 보았다. 그들의 머리는 마치 야영 솥걸이처럼 세 발 장대에 조잡한 장치로 매달려 있었다. 두 사람의 얼굴은 당당하고도 평온한 표정을 띠고 있었다(Both faces wore a calm, almost dignified expression). 그곳에서 그리 멀지 않은 곳에 또 다른 목 잘린 머리는 노상에 방치되어 있었다. 아무도 돌보는 사람 없이 먼지투성이의 길 위에 버려진 목 잘린 머리들을 개들은 뜯어먹고 있었다.

* 이사벨라 버드 비숍, 『조선과 그 이웃 나라들』

왕조의 위기

①

1800년 정조가 세상을 떠나고 순조가 왕위에 올랐다. 순조의 나이 열한 살이었다. 정조의 유언에 따라 김조순이 순조의 후견인이 되었다. 김조순은 딸을 순조의 왕비로 들였고 30년 동안 국구國舅의 지위를 누렸다. 세도정치가 시작되었다.

　정조가 승하하고, 보위에 오른 순조. 그는 양처럼 순한 왕이었나? 무슨 일을 했는지 우리의 기억에 없는 왕이다. 오랫동안 국정의 주도권은 안동 김씨 김조순에게 있었다. 순조가 죽고 순조의 손자 헌종이 보위에 오른다. 1834년의 일이다. 헌종은 8세의 나이에 보위에 올라 순조의 비 순원왕후의 섭정을 받는다. 헌종 역시 우리에게 기억이 없는 왕이다. 후사마저 없이 죽는다. 왕조의 흉사였다.

　1849년 철종이 보위에 오른다. 철종은 나이 14세에 가족과 함께 강화도에 유배되어 자란 농민이었다. 씨가 말라버린 왕조의 대를 잇기 위해 억지로 찾아 보위에 앉힌 왕이었다. 사도세자의 아들 은언군이 철종의 할아버지란다. 철종 역시 우리 기억에 없는 왕이다.

철인 왕 정조가 죽고 똘똘하지 못한 왕들이 즉위했다고, 500년 왕조가 그렇게 망한다는 것, 이상하지 않은가? 그랬다. 정조가 죽고 남인이 몰락했다. 그리하여 노론의 안동 김씨가 정국을 독재했다. 새는 좌우의 날개로 나는데, 날갯죽지 한쪽이 꺾인 것이다. 조선왕조는 왕권과 신권의 연합에 의존한 왕조였다. 왕이 부족하면 신하들이 왕의 부족을 메웠다. 정조가 죽고 1801년 바로 신유사옥이 터졌다. 이가환이 죽고 이승훈이 죽고 정약종이 죽었다. 천주교에 대한 박해는 곧 남인의 제거를 의미했다. 당파 간의 비판과 견제 시스템이 무너진 것이다. 남인 세력을 제거하고 천주교도들을 잡아다 죽인 것, 통탄할 일이었다. 조선을 개조할 진취적 힘을 조선 스스로가 죽여버린 것이다.

1839년 또다시 피바람이 일었다. 헌종 5년이다. 그 시절 매년 수해가 전국을 휩쓸었고, 백성들은 탐관오리들의 수탈에 지칠 대로 지쳤다. 왕조의 위기가 노골화되던 시기였다. 만인 평등을 내건 천주교가 한줄기 빛이었다. 천주교는 민들레 홀씨처럼 퍼져갔다. 순원왕후는 천주교도들을 발본색원하여 처단할 것을 하교했다. 많은 궁녀들이 죽어나갔다. 기해박해己亥迫害다. 1839년 6월에 이광열 등 여덟 명이 처형되었고, 8월에 프랑스 신부 앵베르Laurent-Joseph-Marie Imbert와 모방Pierre Phillibert Maubant 그리고 샤스탕Jacob Honoré Chastan이 효수되었다. 118명의 천주교도들이 사형되었다. 조선은 순교의 나라였다.

1848년, 조선왕조에서 무슨 일이 있었나 실록을 뒤져본다. 이렇다 할 의미 있는 일이 보이지 않는다. 과거 시험 부정 사건이 몇 건 올라와 있다. 그랬다. 1830년 이후 과거제가 급속히 무너져간 것이다. 순조 1년 10만여 명의 유생들이 서울로 올라와 과거장을 메웠단다. 보지 않아도 훤하다. 과거 시험을 통과하기 위한 안간힘이 시험 부정으로 이어지는 것은 옆 집 담 넘기와 같은 일이었다. 돈을 주고 합격증을 산다. 이제 돈으로 합격증을 산 이 양반이 지방의 수령으로 내려가 무슨 짓을 할지 뻔하다. 토색질이다.

숙종대에서 정조대에 이르는 120년의 세월은 '볼 만한 번영의 시대'[1]였다. 이앙법의 보급과 농업 생산력의 증대는 인구를 급증시켰다. 대동법이 전국으로 확산되었고, 시장경제가 크게 발달하면서 상평통보가 출현했다. 마침내 상품 화폐 경제가 돛을 올린 것이다.

왕의 호주머니가 두둑해졌다. 그래서 영조는 군포 두 필을 한 필로 감해주는 균역법을 실행했다. 어머니가 양인이고 아버지가 종인 경우 어머니의 신분에 따라 양인으로 신분을 상승시켜주는 종모법도 실행했다. 영조는 개혁 군주였다. 그 시절 국가가 관리하는 환곡選穀의 규모가 자그마치 1000만 석이나 되었단다. 이처럼 거대한 규모로 쌀을 재분배한 나라는 조선뿐이었다. 함경도에 흉년이 든다. 경상도의 쌀을 옮겨, 함경도의 기근을 해결해준다. 춘궁기에 아이들이 밥 달라고 보챈다. 나라가 쌀을 풀어준다. 이리 고마운 나라가 또 있는가? 1830년대까지만 하더라도 조선의 소농사회[2]는 안정적으로 유지되었다.

위기가 전국적으로 본격화하는 것은 1845년을 전후한 시기부터였다. 충청, 전라, 경상 3도의 장시가 1830년대에 614곳이었는데 1872년에 이르러 도리어 511곳으로 축소되었다. 이상한 일이었다. 장시가 줄었다는 것은 농업 생산력에 문제가 발생하고 있음을 알리는 비상 신호였다. 수리 시설이 망가지고 있었고, 논밭의 지력이 고갈되고 있었다. 농업 생산력의 저하는 곧 상품경제의 축소, 장시의 폐쇄로 이어졌다.[3]

그 시절 세도가들의 부정부패는 도리어 공공연하게 자행되었다. 매관매직이다. 돈 궤짝을 들고 세도가의 집 앞에서 벼슬자리를 샀다. 고위층의 문란은 곧 지방관의 해이로 이어졌다. 환곡 시스템이 무너져갔다. 본디 환곡은 백성의 삶을 보호하기 위한 일종의 사회보장제도였다. 돈 주고 벼슬을 산 자들은 환곡을 이용하여 '본전'을 뽑았다.

환곡을 통한 국가적 재분배 시스템이 무너졌다. 1840년대부터다. 환곡이 사회보장의 성격에서 수탈 기구의 성격으로 변질되어나간 것이다. 환곡을 걷는다는 명분으로 이루어진 강압적 징수는 쌀 시장을 위축시켰고, 쌀값은 치솟기 시작했다. 하층민은 더욱 살기 힘들어졌다. 1000만 석이나 되었던 환곡이 온 데 간 데 없이 사라졌다.[4] 탐관오리들이 다 빼먹은 것이다. 숙종과 영조가 공들여 세운 도덕 경제[5]가 이내 부도덕한 경제로 변질되었다. 설상가상으로 잇따른 기근과 전염병으로 농민의 삶은 아비규환이 되었다.

1855년부터 쌀값이 치솟고, 산림이 황폐해지고, 수리시설이 무너지고, 장시들이 폐쇄되고, 환곡제가 해체되고, 정부의 조세 수탈이 강화되고, 이어 민란이 터지고, 조선왕조는 파국에 처했다.[6]

여기에서 우리는 역사에 대한 균형감각을 잃으면 안 된다. 19세기

중엽의 위기적 상황은 그 시기의 특수 현상이었지, 조선왕조 500년이 다 그랬던 것은 아니다. 중요한 것은 위기를 위기로 직시하고, 이를 넘어설 대안을 찾아 실천하는 진취적 힘이 누구에게 있었느냐다.

역사는 인간이 해결할 수 있는 과제만을 인간에게 제기한다. 하지만 당대의 노력으로 해결할 수 있는 과제가 있고, 당대의 노력으로 해결할 수 없는 과제도 있다. 정도전은 토지 문제를 해결했으나 노비 문제는 해결할 수 없었다.

대동법과 종모법은 해결하기 힘든 문제에 줄기차게 도전하여 이뤄낸 역사적 성취였다. 대동법의 성취에는 이이의 선견지명과 김육의 피땀어린 연구가 있었다. 노비제의 해체 과정에는 선각자 유형원과 이익의 날 선 비판이 있었고, 영조의 결단이 있었다.

시대는 우리에게 해결해야 할 과제를 제기하는데, 이 과제 앞에서 손놓고 있으면 후손들이 고통을 당한다. 16세기 후반 이이가 국방이 무너졌다며 대책을 강구하길 호소했다. 선조는 귀를 막았다. 못살겠다 백성들은 아우성쳤지만 그는 외면했다. 임진왜란을 당했다. 우리는 일본의 침략에 분개하지만 조선왕조에도 잘못은 있었다. 백성의 고통을 외면하고 진보적 지식인들이 제기하는 비판을 묵살하면 이내 화가 닥친다. 임진왜란이 남긴 교훈이다.

정조가 죽고 이어지는 조선왕조, 왜 그렇게 무력했을까? 1801년 정약용과 이가환, 이승훈을 제거한 신유사옥 때문이었다. 노론의 보수를 견제하고 비판할 진보의 씨앗을 죽여버린 것이다. 세도정치는 조선을 개조할 진취적 힘을 스스로 망가뜨린 독재였다. 양반이 인구의 30퍼센트를 이루고 과거제가 무너져가던 그 시절, 매관매직이 성행하고 백성은 수령의 토색질로 고통당하고 있을 때, 영조대의 이익과 정조대의 박지원 같은 비판적 지식인을 우리는 더 찾아볼 수 없게 되었다.

1839년 또다시 피바람이 일었다. 기해박해다. 프랑스 신부들이 효수되었고, 정하상과 유진길이 참형당했다. 1866년 다시 한강 모래사장이 순교자의 피로 물들었다. 병인박해丙寅迫害다. 대원군은 천주교의 숨통을 끊었다. 8000여 명의 평신도와 프랑스 선교사 등이 처형된다.[7] 18세기에 형성되었던 진취적 정신, 그 소중한 힘을 19세기는 이렇게 살해했다. 세상을 개혁하고자 하는 사람이 없는데, 조선왕조는 몰락의 길을 걸을 수밖에 없었다.

나는 조선의 자주적 근대화의 가능성을 경제적 토대에서 찾고자 하는, 이른바 자본주의 맹아설에 대해 동의하지 않는다. 자신의 토양에서 씨가 자생하여 좋은 열매를 맺으면 좋겠으나, 원하는 작물의 씨가 자라지 않을 경우 종자를 구입하여 심는 것도 또 다른 방편이다. 미국이나 독일의 자본주의도 자생적 자본주의가 아니라 영국과 프랑스에서 씨를 구입하여 재배한 이식된 자본주의였다.

마찬가지의 논리로 나는 식민지 근대화론에 대해 동의하지 않는다. 정치도 인간의 일이며 경제도 인간의 일이다. 외래종의 종자가 재래종보다 많은 열매를 맺는다 하여 재래종을 버리고 외래종을 수입하는 것, 좋다. 하지만 외래종의 수입을 위해 논밭의 경작권을 넘겨주어야 한다는 것, 이상하지 않은가? 식민지의 길이 근대화로 가는 유일한 길이었다는 논리는 제국주의 침략을 정당화하는 논리 이외 아무것도 아니다.

최근 소리 높여 식민지 근대화론을 예찬하는 분들이 있다. 자신의 삶을 포기한 자들이 자신의 굴욕적 모습을 정당화하기 위해 부르는 노예의 합창 아닌가?

2

대원군의 시기,
조선이 잃은 것 두가지

만일 정조가 10년 더 살았다면……

역사엔 가정법이 없다는데, 딱 한 번만 용서해주길 바란다. 혹자는 조선 후기의 역사는 출구가 없는 역사, 절망밖에 없는 역사라고 비관하기도 하고, 내버려두었으면 조선인 스스로 자주적 근대화의 길에 들어설 수 있는 충분한 물질적 토대가 있었다고 낙관하기도 한다. 나는 두 견해에 모두 동의하지 않는다.

나는 1800년 정조가 죽지 않았다면, 이후 10년만 더 살았더라면 조선은 자주적 근대화를 충분히 예비할 수 있지 않았을까 공상한다. 정조는 철인정치가였고, 계몽 군주였다. 그는 성리학에도 정통했고, 서구의 과학 기술에 개방적이었다. 따라서 그는 노론의 신료들을 학문적 깊이로 제압할 수 있고, 몰락한 남인을 키울 줄 아는 영명한 군주였다. 박제가를 비롯한 규장각 검서관 4인을 키웠고 정약용을 키웠다. 대놓고 천주교를 옹호할 수는 없었으나 정조는 분명 천주교에 온정적이었다. 이가환이 영의정이 되고, 정약용이 대제학이 된다고 하자. 그들은 서구의 과학기술 서적을 공개적으로 대규모로 입수하여 유포했을 것이다.

정조대의 조선은 선조대의 조선이 아니었다. 노비가 양인이 되었고 양인이 양반이 된 시절, 거꾸로 양반이 중산층이 된 시절이었다. 신분구조는 재편되었는데, 정치 시스템과 과거제는 여전했다. 양반이 인구의 3할을 점하는 신분구조 하에서 관직에 진출하기 위한 과거제의 부정이 발생하는 것은 필연이었다. 관직을 돈을 주고 사는 것은 필연이었다. 과거제의 부정과 매관매직은 이어 아전들의 토색질, 지방관의 오리汚吏질로 확대되었다. 이런 예견된 부패의 경향을 개혁할 세력은 실학자들이었다. 나는 공상한다. 정조가 이끌고 정약용이 밀고 가는 개혁, 두 사람의 정이 만나 추진하는 유신을. 만일 이 유신이 단행되었다면 우리의 역사는 얼마나 다른 곳으로 흘러갔겠는가! 지금 우리의 영혼을 괴롭게 만드는 단절된 역사, 뿌리 잘린 역사의 비애만큼은 없었을 것이다.

세계사의 흐름으로 보았을 때 조선의 운명은 천주교와 밀접하게 연관되어 있었다. 마테오 리치가 북경에 뿌린 과학의 씨앗이 조선에서도 발아하게 하려면 천주교 신부를 적극 예우해야 했다. 천주교 신부는 유럽의 일류 지식인이었다. 그들의 머리엔 과학이 있었고, 라틴어와 그리스어가 있었다. 북경의 신부를 모셔 와도 부족할 판에 노론은 신부들을 죽였다. 1839년 8월 기해박해 때 프랑스 신부 앵베르와 모방 그리고 샤스탕을 효수했다.

만일 그때 조선이 신부 앵베르를 죽이지 않았다면, 거꾸로 학교를 세

위주고, 청소년들에게 수학과 과학을 가르치고, 라틴어와 그리스어를 가르쳐주도록 부탁했다면 역사는 어찌 되었을까? 이들이 자라 1860년 대 조선의 지도자가 되어 정조와 정약용이 다하지 못한 개혁을 이끌었 다면 역사는 얼마나 다르게 전개되었을까?

　1840년은 아편전쟁이 터진 해이다. 조선 왕실의 귀에도 아편전쟁의 포탄 소리가 들렸을 터인데 어찌 된 일이었나? 세계의 중심 청나라가 영국의 대포 앞에서 맥없이 굴복했다면, 정녕 그 소식을 들었다면 조선 왕조는 관계기관 대책회의를 열고 황급하게 세계정세를 다시 정리해야 하지 않았을까? 이미 일본은 서양 과학을 번역하여 널리 보급하고 있 던 시절이었다. 이른바 난학蘭學이다. 네덜란드를 통해 일본은 부지런히 서양 학문을 배우고 있었다. 의학과 천문학, 물리학과 화학, 측량술과 제철 기술, 서양사와 세계지리…….

유럽이라고 해서 모두 먼저 근대화의 길을 밟은 게 아니었다. 영국이 맨 먼저 테이프를 끊었고 이어 프랑스가 근대화의 길을 갔다. 하지만 1860년대의 미국과 독일은 근대화의 문턱에 서 있었고, 일본과 러시아는 아직도 중세의 잠에서 덜 깨어난 시점이었다. 그러니까 1863년 권력을 잡은 대원군이 이때 정신을 차렸으면, 괜히 죄 없는 천주교도들을 죽일 게 아니라 신부들에게 학교를 세워주고 청소년들의 교육을 부탁했으면 세계사의 흐름과 아주 걸맞은 보폭으로 우리는 나아갔을 것이다. 미국은 1865년 남북전쟁 이후에 본격적인 산업화의 길에 들어섰고, 독일은 1871년 비스마르크 주도 하에 통일이 되면서 본격적인 산업화의 길에 들어섰다.

대원군의 오류

경복궁을 건축할 일이 아니었다. 그것 없이도 왕 노릇 하는 데는 아무 지장이 없었다. 서원을 폐쇄했다면 근대식 학교를 설립할 일이었다. 과거제를 폐지까지는 못하더라도 문과만큼은 없애고, 무과와 잡과의 지위를 높였어야 옳았다. 그만큼 대원군에게도 소중화의 헛된 자만심은 깊었다. 위정척사衛正斥邪라. 누가 정正이고 누가 사邪였던가? 대원군의 시대착오, 대원군의 극단적 배타성, 이것이 껌벅거리는 조선의 촛불을 '후!' 하고 꺼버린 것이 아니었을까?

1866년(고종 3년) 대원군은 천주교의 숨통을 끊었다. 8000여 명의 평신도와 프랑스 선교사 등이 처형된다. 순교자들의 머리가 쌓여 산이 되었다. 절두산切頭山이다. 일본은 1868년 메이지유신을 단행하여 근대화의 문턱을 넘어서던 시점의 일이었다.

대원군은 노론의 반대를 무릅쓰고 자신의 의지를 관철시킬 수 있는 인물이었다. 나는 공상한다. 경복궁 지을 돈으로 똘똘한 청소년들 1000여 명을 선발하여 영국과 프랑스에 유학을 보냈더라면, 이후 조선의 역사가 어찌 되었을까? 퀴리Marie Curie 부인은 폴란드에서 파리로 유학을 갔고, 마침내 그녀의 뜻을 이루었다. 조선인 가운데 세계적인 과학자가 나오지 말라는 법이 없을 것이다. 병인박해를 할 게 아니라 병인유학단을 만들 일이었다. 만일 1866년 영국 런던에 유학을 갔다면 우리의 선조들은 다윈Charles Darwin을 만나고, 마르크스Karl Marx를 만나고, 맥스웰James Clerk Maxwell을 만날 수 있었다. 자유당을 이끈 글래드스턴William Ewart Gladstone과 보수당을 이끈 디즈레일리Benjamin Disraeli를 만날 수 있었다. 만일 1866년 프랑스 파리에 유학을 갔다면 우리의 선조들은 빅토르 위고Victor Marie Hugo를 만나고, 빈센트 반 고흐Vincent van Gogh를 만나고, 프리드리히 엥겔스Friedrich Engels를 만날 수 있었다. 자주적 근대화의 문턱을 넘어설 수 있었다는 말이다.

대원군의 시기 조선은 중요한 두 가지를 잃었다. 시대를 이끌어갈 사람을 잃었고, 미래를 준비할 시간을 잃었다.

왕조의 몰락

3

『매천야록梅泉野錄』의 저자는 황현이다. 『매천야록』[8]은 대원군 집권부터 시작된다. 이 시기는 외세 침략기이자 개화와 척사가 대립한 시기였고 망국의 길로 빠져든 때였다. 이 시기 민족의 존망을 걱정하는 지식인의 우국충정이 낳은 역사서가 바로 『매천야록』이다. 『매천야록』은 서문이 없다. 쓰다 만 책이기 때문이다. 그는 이 글을 기록하다가 스스로 목숨을 끊었다.

왕조 시대의 역사를 기록하는 일은 사관의 고유 임무였다. 하지만 세상이 걱정스러운 경우 문인·학자들도 자기 나름대로 역사를 기록했다. 사관이 아닌 재야 문인이 기록한 역사를 야사野史라고 한다. 『매천야록』이 바로 대표적인 야사다. 황현과 함께 우국충정의 슬픔을 나누자.

1863년　철종이 승하하자 대를 이을 아들이 없었다. 철종이 일찍부터 지금의 임금(고종)에게 뜻을 두고 있었다. 김병학은 자기의 딸을

─────── 1837년 영국에선 빅토리아 여왕이 즉위한다. 1867년 보수당의 디즈레일리와 자유당의 글래드스턴이 손을 잡고 선거법을 개정하여 마침내 노동자들도 투표권을 보장받는다. 1848년 노동자들의 참정권 운동이 일어난 지 20년 만의 열매였다. 다윈이 『종의 기원』을 출간한 것이 1859년이고, 마르크스가 『자본론』을 출간한 것이 1867년이다. 자본주의 국가들이 앞다투어 철도 건설 경쟁에 돌입한 시기다. 19세기 빅토리아 시기의 영국이 일군 가장 인상적인 성취는 패러데이와 맥스웰에 의한 '전기와 자기의 상호관계에 관한 발견'이다. 빛은 전자기파의 일부라는 맥스웰의 선언은 이후 20세기 전파 기술 문명을 이끈 획기적 발견이었다.

혁명의 나라 프랑스에선 1848년 2월 혁명이 일어나고 노동자들이 참여하는 공화정이 실시된다. 1815년 나폴레옹이 세인트헬레나 섬으로 유배를 떠난 이래 프랑스 민중은 오랜 세월 보수 반동의 시대를 겪는다. 위고가 『레미제라블』을 쓰고, 다시 역사는 자유와 평등을 향해 전진한다.

왕후로 간택하자고 흥선과 약속했다. 임금이 즉위하고 흥선은 약속을 어겼다. 민치록의 외동딸과 국혼을 정하니, 이가 명성왕후다.

대원군이 나라 일을 맡았던 갑자년(1864년)에서 계유년(1873년)에 이르는 10년 동안 온 나라가 떨며 무서워했다.

대원군, 그는 과단성 있는 지도자였지만 시대의 흐름을 역행한 지도자였다. 1863년 고종이 즉위했을 때 고종의 나이는 불과 열두 살이었다. 대원군이 섭정했다. 대원군은 서원을 철폐했고, 양반에게 군포를 징수했으며 환곡의 폐단을 시정했다. 대원군은 개혁을 통해 왕조의 질서를 유지하고자 했으나 새로운 시대로 나아가지 못하고 머뭇거렸다.

그때 제국주의 국가들의 배가 해변에 나타났다. 대원군은 프랑스군과 미군을 무찔렀다. 그리고 그는 문을 잠갔다. 쇄국 정책이다.

1865년　을축년(1865년)에 경복궁을 중건하기 시작하여 정묘년 (1867년)에 이사했다. 웅장했다. 중건 비용을 마련하기 위해 원납전顧 納錢을 발행했다. 백성들은 입을 비쭉거리며 원납전怨納錢이라 했다.

우암 송시열의 사당, 화양동 서원을 철폐했다. 백성들은 담담했으나, 유생들은 미쳐 날뛰며 부르짖었다. 대궐 문 밖에 엎드려 상소했다. 양식 있는 이들이 비웃었다.

서원을 철폐한 것은 좋았다. 그런데 철폐할 것이 서원뿐이었을까? 지금은 왕실의 위엄을 되찾기 위해 경복궁을 중축할 시기가 아니었다. 온 힘을 개혁에 쏟아부을 시기였다. 궁실 재정을 축소하고, 신분제를 폐지하고, 토지제도를 개혁할 때였다.

1866년　서양의 도둑놈(독일 상인 오페르트)이 강화도를 거쳐 들어왔 다. 대원군이 젊은 시절 완당 김정희에게 서화를 익히고, 난초 치는 법을 배웠다. 그가 그린 난蘭을 중국 사람들도 많이 사갔다. 프랑스 군함이 강화도에 정박했다.

과거를 치르는 종친들을 모두 급제시켰다. 시험장이 어지러워졌다.

순조 중년까지만 해도 과거 시험의 규칙이 흐트러지지 않았다.

과거의 폐해를 극복하지 않으면 조선왕조는 문을 닫아야 한다.

1866년   평양 감사 박규수가 미국 상선 제너럴셔먼 호를 불태우다. 박규수는 1874년부터 왜국과 외교를 트자고 주장했다.

1869년   시골의 도적이 광양을 함락시켰다.

1871년   척화비를 세웠다.

시대는 개혁과 개방을 요구했다. 척화비는 시대착오였다.

1871년   미국 사람들이 강화도를 침범했다.

1874년   고종이 정권을 잡으면서 남인들을 숙청하다. 백성들은 민씨들의 착취를 견딜 수 없어 대원군 시절을 그리워했다. 임금과 왕비가 하루에 천금씩 썼다. 대원군이 10년 동안 모아놓은 것을 탕진했다. 벼슬을 파는 악습이 이때부터 생겼다.

하지 말아야 할 범죄적 행태가 매관매직이었다. 더 이상 백성을 대할 명분이 없게 되었다.

전주의 아전은 돈 많고 완악하기로 온 나라에 으뜸이었다. 조선에는 세 가지 폐단이 있다. 충청도의 사대부와 평안도의 기생과 전주의 아전이다.

과거 급제의 값이 만 냥까지 오르다.

만 냥을 오늘의 화폐로 환산하면 대략 10억 원이다.

1880년 김홍집이 황준헌黃遵憲의 『조선책략朝鮮策略』을 고종에게 바치다. 이 책은 조선이 부강하려면 서양의 제도와 기술을 익혀야 한다고 주장하고 있다.

1881년 김윤식을 영선사로 삼아 청년 100여 명을 중국에 보내다.

1882년 임오군란이 일어나다. 민겸호의 하인이 선혜청 창고지기였는데, 쌀에다 겨를 섞어 군인들의 밀린 급료를 주었다. 많은 군인들이 크게 노하여 일어났다. 민겸호가 주동자를 잡아서 포도청에 가두겠다고 하자 군인들이 격분했다. "굶어 죽나 잡혀 죽나 죽는 것은 마찬가지다. 싸우다 죽자." 민겸호의 집으로 달려갔다. 진귀한 물건을 뜰에 끌어내 불을 질렀다. 비단과 구슬에서 오색 불꽃이 타오르고, 인삼과 녹용, 사향 타는 냄새가 멀리 퍼졌다. 민겸호는 담장을 넘어 대궐 안에 숨었다. 난병들이 대궐을 침입했다. 중궁(명성왕후)은 밖으로 달아나고 민겸호는 살해되었다. 대원군이 정사를 맡았다.

대원군이 일으켜야 할 일은 임오군란이 아니고 임오유신이었다. 개혁과 개방을 이끄는 유신 말이다.

7월 초 청나라 군대가 서울에 들어왔다. 이홍장李鴻章이 대원군을 납치해 가다.

김옥균은 급제한 지 10여 년이 되도록 버슬이 오르지 못했다. 서양 학문을 연구하고 부강책을 논했다. 박영효와 서광범, 홍영식 등이 당을 지어 김옥균을 영수로 추대했다. 임금이 그를 포경사로 임명했다. 옥균은 입으로만 고래잡이의 이익을 말할 뿐이었다.

1883년 성주에 민란이 일어났다.

1884년 갑신정변이 일어나다. 10월 17일 밤 박영효, 김옥균 등이 반란을 일으켜 대궐을 침범하고, 임금을 경우궁으로 옮겼다.

청나라 제독 원세개袁世凱가 대궐에 들어왔다. 왜병은 물러갔다. 개화파는 외국으로 망명했다. 홍영식의 아버지, 박영효의 아버지, 서재필의 아버지가 자살했다.

서양의 여러 나라들과 통상했다. 1884년에 영국, 독일과 통상했다.

1873년에 대원군이 권좌에서 물러나고 실권을 쥔 명성왕후는 1876
년 '강화도 조약'을 체결했다. 시아버지가 잠근 문을 연 것이다. 이어
영국과 독일, 러시아와 프랑스 등과 잇달아 통상조약을 체결했다. 조선
은 개화 정책을 추진했다. 조선은 일본에 수신사를 파견했다. 하지만
개화를 반대하는 세력도 만만치 않았다. 유학자의 대다수가 위정척사
를 내걸고 개화에 반대했다. 김옥균의 갑신정변(1884년)은 불과 3일 만
에 막을 내렸다. 그만큼 개화 세력은 약했다. 갑신정변의 실패에 대해
말이 많다. 거사의 성공과 실패를 가지고 특정 정치적 사건의 역사적
의미를 논하는 것은 옳지 않다. 성공하면 잘한 것이고, 실패하면 잘못
한 것일까? 현실에선 실패해도 역사에선 성공한 일이 있고, 현실에선
성공했으나 역사를 망치는 일이 있다. 특정 행위에 대한 판단의 기준은
특정 행위가 그 시대의 요구를 제대로 반영했는가에 달려 있다. 갑신정
변이 내건 정치적 슬로건은 옳았는가? 입헌군주제를 채택하여 조선을
개혁하자는 김옥균의 생각은 옳았다.

1885년   남규희는 돈 10만 냥을 바치고, 직각直閣 벼슬을 얻었다.

환장할 일이다.

1887년   가을에 전보국을 설치했다. 봉수제도가 쓸모없어졌다.

1888년   주미 공사 박정양이 소환되다.

          임금이 벼슬을 팔면서 배동익의 어음인지 확인하다.

1892년, 1893년   동학교도들이 최제우의 억울한 죽음을 풀어달라
고 호소하다.

1894년   고부에 민란이 일어나 군수 조병갑이 달아나다.

          동학교도들이 전주를 함락시키다.

          청나라에 구원병을 청하다.

          청나라 군대가 아산만에 도착하다.

          왜군 함대가 인천에 입항하다.

**외세를 들여 민중의 요구를 진압한 왕조, 조선왕조는 여기에서 무너
졌다.**

왜국 공사가 임금을 뵙고, 십육 조의 개혁을 요청했다. 나라는 반드
시 제 손으로 망하게 한 뒤에 남이 망하게 한다. 아, 슬프다.

청나라 군대가 왜군에게 패하다. 갑오경장이 시작되다.
관군과 왜군이 동학교도들을 크게 격파하다.

이도재가 김개남과 전봉준을 사로잡다. 이도재가 김개남을 사로잡

아 목을 베고, 전봉준을 잡아 서울로 압송했다.

전봉준은 갔으나 그가 내건 깃발은 정당했다. 집강소에서 실시하고
자 했던 신분제의 폐지와 토지개혁은 시대를 구하는 대책이었다.

1895년　전봉준과 손화중을 처형했다. 전봉준이 박영효와 서광범
을 크게 꾸짖고 죽었다.

8월 20일　왜국 공사 미우라 고로三浦梧樓가 대궐에 침입했다. 그 밤
공덕리에 가서 대원군을 가마에 싣고 대궐에 이르자 왜놈들이 따라

들어왔다. 모두들 왕후의 초상을 하나씩 가지고 있었다. 궁중에 횃불이 밝게 빛나 개미 새끼까지 셀 수 있었다. 왕후는 벽에 걸린 옷 속으로 피신했는데 왜놈들이 끄집어냈다. 왜놈들이 칼로 내리쳤다. 검은색 긴 치마에 싸가지고 녹산 아래 숲 속에서 석유를 붓고 불을 놓았다. 타다 남은 몇 조각의 뼈는 주워서 땅에다 묻었다. 왕후는 기지가 있고 영리하며 권모술수가 많았다.

10월에 일본 정부가 공사 미우라 고로를 소환했다. 별로 뚜렷한 증거가 없다고 풀어 주었다.

그해 3월 민중의 대표자 전봉준이 죽고, 그해 8월 왕실의 대변자 명성왕후가 죽다.

4

일어서는 민중

민란의 시대

정조가 죽고 11년 만에 홍경래가 일어섰다. 크고 작은 민란이 계속 발생했다. 1862년 진주에서 민란의 봇물이 터졌다. 이어 경상도의 20개 군현, 전라도의 37개 군현, 충청도의 12개 군현, 그리고 경기도, 함경도, 황해도 등 전국 각지에서 민란이 일어났다. 썩어빠진 세상, 갈아엎자! 삼천리 방방곡곡 민중이 일어서지 않은 곳이 없었다. 조정에서는 수령을 처벌했고 농민의 부담을 줄였다. 그것은 '땜빵'이었다. 민란은 그치지 않았고 마침내 1894년 동학농민들이 일어났다.

진보적 지식인도 없고 진보적 지식인을 보살펴주던 왕도 없다. 이제 민중이 직접 역사의 무대에 나선다. 민중은 통치의 대상이었지, 스스로 생각하고 자신의 견해를 내세우는 인간이 아니었다. 왕의 통치 대상이었던 민중이 역사의 주체가 되어 역사의 무대에 직접 올라선 사건이 바로 민란이었고, 동학농민혁명이었다. 지배자들은 이 사건의 역사적 의미를 모른다. 마침내 민의 역사가 개시된 것이다.

조선왕조는 마지막까지 민초의 목소리를 듣지 않았다. 요령을 피워 위기를 넘겼을 뿐이다. 1894년 고종은 청군과 일본군을 불러 성난농민들을 짓밟았다. 외세를 불러들여 민중을 짓밟았다. 1894년 11월 초 어느 날 공주 우금치에서 왜놈들의 총 앞에 농민도 죽고 조선도 죽었다.

민란이란 지배계급에 대해 항거하는 민중의 축제다. 그것은 행동하는 축제다. 무릇 인간은 자신이 생각하는 바를 말로 표현하는 존재다. 세상이 요지경이고 지배자들이란 제 잇속을 채우기 바쁜 탐관오리들이다. 요지경 때문에 녹아나는 사람이 민중이요, 골병드는 사람이 민초다. 힘 없는 민초는 바람이 불면 바람과 함께 쓰러진다. 하지만 바람보다 먼저 일어선다.

언제 일어서는가? 정치가 제 일을 하지 못할 때다. 정치를 한다는 것은 그 시대의 공익을 실현함을 말한다. 김육의 대동법이 그랬고 허적의 상평통보가 그랬다. 시대의 공익을 실현한 것이다. 영조의 탕평책과 균역법이 그랬고, 정조의 서얼 허통이 그랬다. 시대의 보편적 이익을 대변했다. 정치를 하라고 녹봉을 주는데, 정치는 하지 않고 사익만 챙긴다. 그러면 민초는 일어선다.

정조가 죽고 조선 역사는 정치 실종의 시대를 겪는다. 안동 김씨의 세도다. 창경궁에 가면 비원이 있고 비원에 가면 순조의 사저가 있다. 왕이 궁을 버리고 집을 따로 지어 살았다. 아예 출근을 하지 않았다고 한다. 혁명의 해, 1848년 유럽인들이 자유와 평등을 향해 힘차게 나아갈 때, 조선왕조에선 무엇을 하고 있었나. 헌종 14년이다. 눈에 띄는 기사가 모두 과거 부정 사건이다.

1862년 진주에서 민란이 일어났다. 1862년 민란이 일어난 곳은 진주만이 아니었다. 그해 한반도 전역을 민란이 휩쓸었다. 2월 진주 민란에 이어 4월 전라도 익산에서 민란이 일어났다. 5월 충청도의 회덕과 은진에서 민란이 일어났고, 전라도의 부안과 연산, 순천과 함평에서 민란이 일어났다. 경상도 선산에서도 민란이 일어났다. 민란의 불은 북쪽으로 번졌다. 6월엔 황해도 개령으로 번졌고, 11월에는 함경도로 번졌다. 경찰 추산 시위대의 수는 항상 실제 참여자의 절반이다. 기록된 민란이 이러하니 기록되지 않은 사건은 훨씬 많았을 것이다.

왜 일어났는가? 실록에서 그 원인을 찾아보자. 경상도 안핵사 박규수는 진주 민란의 원인이 전 우병사 백낙신의 탐욕에 있음을 보고하고 있다.[9] 백낙신은 진주의 백성들에게 6만 냥을 징수했고, 이에 분노한 백성들이 관아를 공격한 것이라고 박규수는 민란의 원인을 명확하게 밝혔다.[10] 이어 진주 안핵사 박규수는 목하 번지고 있는 민란의 원인이 모두 삼정三政의 문란에 있음을 아뢰었다.[11] 쌀을 빌려주고 이자를 쳐서 돌려받는 환곡은 백성의 살을 베어내고 뼈를 깎는 고통이었다. 호수戶數가 수천에 불과한 단성현의 경우 환곡으로 9만 석을 거두었다. 1년의 소출을 몽땅 빼앗은 것이다. 호수가 100에 불과한 적량진의 경우 환곡으로 10만 석을 거두었다. 집 문서, 땅 문서까지 다 빼앗았다는 이야기다.

함평으로 가보자.[12] 전 현감 권명규가 함평의 백성들로부터 3만 금金

을 뜯고, 그것도 부족하여 9000석의 쌀을 또 뜯었다고 한다. 익산으로 가보자.[13] 안핵사 이정현은 말한다. 익산이 겪은 환곡의 폐단은 조선 팔도에서 으뜸이다. 그뿐인가. 관아의 빚을 백성들에게 대납시키기까지 했다. 수령이 서울에 올라가 먹고 자며 사용한 비용을 부채로 올린 다음 이 부채를 백성들에게 갚게 한 것이다.

　석고대죄할 자는 왕이었다. 죄를 물어야 할 자는 안동 김씨였다. 왕과 세도가들이 먼저 관직을 매매했다. 정6품 관직을 10만 냥에 팔았다. 문과 장원급제자에게 주었던 6품 관직을 돈 10만 냥에 팔았으니, 왕과 세도가들이 도둑 허가장을 발부한 자였다. 돈 10만 냥을 바치고 관직을 산 수령이 힘없는 백성들의 재산을 다시 10배로 뜯는 것은 명약관화하다. 목을 쳐서 깃대에 꽂아 그 죄상을 널리 알려야 할 자, 민란의 원인 제공자는 바로 왕이었고 세도가였으며 수령이었다. 노동자들이 파업을 하지 않으면 안 되는 분통스러운 상황을 만들어놓고, 노동자가 파업에 돌입하면 파업으로 인한 피해를 배상하라며 소송을 거는 악질들이 그때도 있었다. 민란 주동자들의 목을 잘랐다.[14] 민란 가담자들을 장살戕殺했다. 체포하는 즉시 효수하여 대중을 경계시키란다. 겁주란 이야기다.

　그랬다. 부안의 백성들이 아전을 발로 밟아 죽였고, 금구의 난민들이 인가를 불태웠다.[15] 연산의 난민들도 인가를 불태웠다. 상주에서도 선산에서도 거창에서도 난민들이 인가를 불태웠다. 이 불은 누가 지른 불일까?

적성촌에서 – 정약용

시냇가 헌 집 한 채 뚝배기 같은데
북풍에 이엉 걷혀 서까래만 앙상하네
묵은 재에 눈이 덮여 부엌은 차디차고
체눈처럼 뚫린 벽에 별빛이 비쳐드네
집 안에 있는 물건 쓸쓸하기 짝이 없어
모조리 팔아도 칠팔 푼이 안 되겠네
개꼬리 같은 조 이삭 세 줄기와
닭창자같이 비틀어진 고추 한 꿰미
깨진 항아리 새는 곳은 헝겊으로 때웠으며
무너앉은 선반대는 새끼줄로 얽었도다
구리 수저 이정里正에게 빼앗긴 지 오래인데
엊그젠 옆집 부자 무쇠솥 앗아갔네
닳아 해진 무명 이불 오직 한 채뿐이라서
부부유별 이 집엔 가당치 않네
어린것 해진 옷은 어깨 팔뚝 다 나왔고
날 때부터 바지 버선 걸쳐보지 못하였네
큰아이 다섯 살에 기병으로 등록되고
세 살 난 작은놈도 군적에 올라 있어
두 아들 세공으로 오백 푼을 물고 나니
빨리 죽기 바라는데 옷이 다 무엇이랴

강아지 세 마리가 새로 태어나

아이들과 한 방에서 잠을 자는데

호랑이는 밤마다 울 밖에서 울어댄다

남편은 나무하러 산으로 가고

아내는 이웃에 방아품 팔러 가

대낮에도 사립 닫힌 그 모습 참담하다

아침 점심 거르고 밤에 와서 밥을 짓고

여름에는 갖옷 한 벌 겨울엔 삼베 적삼

땅이나 녹아야 들 냉이 싹 날 테고

이웃집 술 익어야 찌끼라도 얻어먹지

지난봄에 꾸어 온 환자미가 닷 말인데

금년도 이 꼴이니 무슨 수로 산단 말가

나졸놈들 오는 것만 겁날 뿐이지

관가 곤장 맞을 일 두려워 않네

오호라 이런 집이 천지에 가득한데

구중궁궐 깊고 멀어 어찌 다 살펴보랴

세미를 거두는 마감에 아전과 군교를 풀어 민가를 수색하여 긁어대는 것을 검독檢督이라 한다. 검독은 가난한 백성들에게는 승냥이나 범과 같은 것이다.[16] 춘궁기에 곡식을 빌려주었다가 추수기에 거둬들이는 환곡은 백성들의 뼈를 깎는 병폐가 되었다. 백성이 죽고 나라가 망하는 일이 바로 눈앞에 닥쳤다.[17] 다산이 『목민심서』를 완성한 것이 1818년이었다.

그는 갔지만 그의 노래는 남아

|

　　　겨울밤이었다. 어린 시절 친구들과 함께 다리를 일렬로 가지
런히 놓고 다리를 손으로 툭툭 치면서 노래를 부르지 않았던가.

　이 거리 저 거리 각 걸이

　진주 남강 또 만강

　짝발로 헤양금

　도래미 줌치 장도칼

　구시월에 무서리

　동지섣달 무서리

　멋모르고 불렀던 이 노래는 진주민란의 주모자 유계춘이 만들어 유
포한 농민군의 혁명가였다. 다시 풀이해본다.

　온 거리의 백성들아, 모여라

　진주 남강을 다 메워버리자

　한쪽 발엔 대님 매고(동지임을 표시하는 표지)

　허리춤엔 장도칼 차고

1862년 진주민란 일지

1월 29일 유계춘, 궐기를 촉구하는 사발통문을 돌리다. '수곡장시로 모이자.' 읍내 곳곳
에 한글로 쓴 통문을 붙이다.

2월 6일 지역의 대표자 300여 명이 수곡장시에 모여 집회를 열다. '도결을 철폐하라.'
'환곡의 폐단을 혁파하라.'

2월 7일 진주 목사, 주동자 유계춘을 체포하다.

2월 14일 진주 일대의 나무꾼들이 덕산장시를 공격하다.

진주를 향해 무력 시위하다.

2월 18일 농민군이 수만 명으로 불어나다. 머리에 흰 수건을 두르고, 손에는 몽둥이를
들다.

2월 23일 우병사 백낙신과 목사 홍병원, 도결 혁파를 약조하다.

5월 23일 유계춘, 효수되다.[18]

오라, 구시월 무서리처럼

휘몰아쳐 오라, 동지섣달 큰 눈처럼

투쟁한다는 것은 저들의 불의를 용납하지 않겠다는 의지의 표현이
다. 투쟁한다는 것은 같은 뜻을 가진 동지를 모은다는 의미다. 혼자 외
치는 소리는 연약해도 함께 외치는 함성은 힘차다. 함성은 저들을 움
츠러들게만 하는 것이 아니다. 함성은 외치는 자들의 가슴에 용기를
북돋는다. 그래서 모이는 것이 중요하고, 함께 외치는 것이 긴요하다.
그날 진주의 농민들은 세계의 주인으로 우뚝 섰다. 양반들의 눈에는
일자무식인 무지렁이였다. 하지만 삶의 의미를 제대로 깨우치고 있는

사람은 그 무지렁이 농민들이었다. 그들은 외쳤다. '환곡의 폐단을 혁파하라!' 그날 농민들은 보았다. 백낙신과 홍병원이 무릎을 꿇었다. 그들은 비겁했다. 그렇게 민란의 주동자, 유계춘은 효수되었다. 그는 갔으나 그가 부른 노래는 민중의 가슴에 남았다. '한쪽 발엔 대님 매고/허리춤엔 장도칼 차고/오라, 구시월 무서리처럼/휘몰아쳐 오라, 동지 섣달 큰 눈처럼.'

유계춘은 갔으나 민중의 함성은 그치지 않았다. 1864년(고종 1년)이었다. 황해도 풍천에서 일어났다.[19] 1869년(고종 6년) 전라도 광양에서 일어났다.[20] 풍천과 광양의 민란은 대원군 집권 시기의 민란이었다. 이번에는 고종 친정 시기의 민란들이 일어난다. 1877년(고종 14년) 전라도에서 민란이 일어난다.[21] 잡혀 온 주모자들이 60명이란다. 고금에 없는 매우 흉악하고 고약한 놈들이란다. 안동 김씨, 김병학이 명한다. '의금부에 압송하라, 추국청을 설치하라.' 야단법석이다. 1883년(고종 20년) 성주에서 일어난다.[22] 패거리들이 동헌에 난입했단다. 같은 해, 이번에는 동래에서 일어난다.[23] 재앙을 좋아하는 무리들이 떼를 지어 다니며 정사를 보는 대청에 난입했고, 옥문獄門을 부수고는 죄인들을 놓아주었단다. 그들에겐 전에 없는 변괴였나 보다.

그러니까 1882년의 임오군란도 대원군의 사주 여부와 무관하게 철종과 고종 당시 터져 나온 민란의 일종이었던 거다. 김옥균의 갑신정변이 일어난 그해 전라도 가리포의 백성들이 일어섰다.[24] 어리석고 아둔한 섬사람들이 난을 일으켰단다.

끊이지 않았다. 1885년은 제2의 민란의 해였다. 이번에는 황해도 토산현에서 일어났다.[25] 백성들이 함부로 관아에 쳐들어가 때리고 불태우는 행동을 했단다. 같은 해 여주에서 일어났다. 무리를 지어 몽둥이를 들고 관청 뜰에 돌입하는가 하면 민가를 파괴하고 불태워 죽이기까지 했단다. 같은 해 원주에서 일어났다.[26] 환곡의 폐단을 바로잡겠다고 읍내에 모여 밤이 깊도록 고함을 지르면서 아전의 집을 파괴하고 난동을 부렸단다.

1887년(고종 24년)이다. 경복궁의 깊숙한 곳, 건청궁乾淸宮에 명성왕후가 전등불을 밝게 밝힌 해이다. 이듬해 영흥에서 민란이 일어났다.[27] 북쪽 백성들의 소요여서 고종은 무척 애가 탔나 보다. '가렴주구가 원인이었겠지만 역시 그 풍습과 버릇은 놀라운 일이다'라고 고종은 말했다. 사돈네 남 말하고 있는 임금이다. 1890년(고종 27년)이다. 이번에는 안성에서 일어난다.[28] 백성들이 통문을 띄워 무리를 모아 제멋대로 하는데도 누구도 어쩌지 못하는 것은 모두 교화가 미치지 못했기 때문이란다. 본디 법 없이도 사는 게 민초다. 지금 누가 누구를 교화한다는 것이냐? 1892년(고종 29년)이다. 이번에는 회령에서 일어난다.[29] 도적들의 소요가 갈수록 심해져서 대낮에 떼를 지어 다니며 가게들을 털고, 물건을 약탈하며, 나라에 바치는 공물公物을 빼앗는단다. 같은 해 성천과 강계와 종성 등 북쪽이 시끄러웠다. 1893년(고종 30년) 평안도 일대가 민란에 휩싸였다.[30]

1894년 그해 벽두에도 민란은 끊이지 않았다. 1월 21일엔 황해도 해주에서 일어났다.[31] 조정의 대신들은 아무 반성이 없다. 백성들이 폐단을 바로잡는다는 핑계로 거리낌 없이 날뛰는 고약하고 미련한 버릇은 아주 통탄할 일이니 응당 엄하게 징계하여야 한단다. 1월 29일엔 강원도 금성에서 일어났다.[32] 이 고을 민란이건 저 고을 민란이건 쌓이고 쌓인 억울함이 터진 것은 형편상 당연한 것이란다. 간악한 무리들의 학정에 견딜 수 없어 그를 제거하고 싶다면 관가에 호소하면 되는 것 아니냐? 그렇게 하려다 전봉준의 아버지 전창혁이 죽어간 것 아닌가? 혁명이 다가오고 있었다.

새야새야파랑새야

전봉준, 법정에 서다

이 공초[33]는 1895년 2월 9일 법정의 심문에 대한 전봉준의 답변이다.

문　이름은 무엇인가?

답　전봉준이다.

문　나이는 몇 살인가?

답　마흔한 살이다.

문　직업은 무엇인가?

답　선비다.

문　고부 군수 조병갑의 탐학을 말하라.

답　첫째, 수세로 거두어간 것이 700석이요, 둘째, 부자들에게 2만

전봉준 일지

1892년 조병갑이 고부 군수로 부임한 이래 과중한 세금과 재물을 빼앗다. 전봉준의 아버지 전창혁은 조병갑의 탐학에 저항하다 곤장을 맞고 죽다.

1893년 12월 농민들은 동학접주 전봉준을 앞세워 관아에 진정하다. 받아들여지지 않고 쫓겨나다. 전봉준은 동지들을 규합하여 거사할 것을 맹약하다.

1894년 1월 10일 1000여 명의 동학농민군이 봉기하다. 고부민란이다. 농민군이 관아를 습격하자 조병갑은 도망가다. 농민군은 무기고를 부수고 무장하다. 불법으로 빼앗아간 세곡을 창고에서 꺼내 농민들에게 돌려주다.

2월 15일 안핵사로 파견된 이용태가 농민군을 탄압하다. 전봉준과 손화중이 함께 창의문을 선포하며, 보국안민輔國安民과 제폭구민除暴救民을 위해 봉기할 것을 호소하다.

3월 20일 농민군은 무장을 출발하여, 3월 23일 고부를 다시 점령하다.

3월 25일 백산에서 대회를 열고 투쟁 방향을 점검하다.

3월 25일 태인, 금구, 부안으로 진격하다.

4월 7일 황토현에서 큰 승리를 거두다.

4월 12일 영광·함평·무안 일대에 진격하다.

4월 27일 전주성을 점령하다.[34]

5월 5일 청군이 아산에 진주하다.

5월 7일 전주화약을 맺다. 탐관오리 응징, 노비 해방, 토지 균분제 실시 등 12조목의 시정개혁에 대한 확약을 받고 휴전하다. 이후 전라도에 집강소를 설치하여 도정에 참여하다.

6월 21일 일본군이 경복궁을 침범하다. 친일 내각을 세우다.

9월 12일 전봉준, 삼례에서 다시 봉기를 일으키다.

9월 하순 한양을 향해 북상하다.

11월 8일 공주 우금치에서 일본군과 싸우다.[35] 금구에서 해산하다.

12월 2일 정읍에 피신하던 중 체포되다.[36]

1895년 3월 29일 교수형에 처하다.[37]

냥을 늑탈한 것이요, 셋째, 아버지 비를 세운다고 늑탈한 것이 1000 냥이요, 이외 허다한 것은 다 말할 수 없다.

문 2만 냥을 늑탈했다고 했는데, 어떤 명목이었나?

답 부모에게 불효하고, 동기간에 불화하고, 음행하고, 도박한 사실들을 들어 늑탈했다.

문 백성들이 모두 수탈의 피해를 입었는데 너 혼자 피해를 당하지 않은 까닭은 무엇인가?

답 나는 공부하는 선비요, 전답이 세 마지기뿐이다. 아침저녁으로 거우 죽을 먹을 정도이니 빼앗길 것이 없다.

문 너는 피해를 입지 않았으면서 왜 민란의 선두에 나섰는가?

답 일신의 피해를 모면하기 위해 기포起砲했다면 어찌 남자라고 하겠는가? 민중의 원한을 풀기 위함이요, 학정을 없애기 위함이었다.

문 어찌하여 주모자가 되었는가?

답 모두가 나를 추대했고 나는 백성의 말을 따랐을 뿐이다.

문 사람들이 너희 집에 찾아왔던가?

답 수천 명이 집 근처에 왔다.

문 수천 명의 사람들이 무엇 때문에 너를 주모자로 추대했던가?

답 내가 다소나마 글을 읽을 줄 알았기 때문이다.

문 고부에 살면서 동학을 가르쳤는가?

답 나는 훈장으로서 어린아이들을 가르쳤지, 동학을 가르치진 않았다.

문 무슨 이유로 거병했는가?

답 안핵사 이용태가 본 읍에 와 거병했던 읍민들을 잡아들이고, 집을 불태우고, 처자를 죽였다.

문 재차 거병한 것이 안핵사 이용태 때문이라고 했는데 그때도 네가 주모했던가?

답 그렇다.

문 재차 거병하여 무엇을 했나?

답 전주감영 1만 군졸이 고부 인민을 도륙하고자 하여 접전했다.

문 그 후 10월 재차 거병한 이유는 무엇인가?

답 귀국이 군대를 이끌고 도성에 들어와 궁을 무단히 침입했다. 충군애국의 마음을 품은 초야의 사민士民을 규합하여 일본군과 접전한

것이다.

문　접전 후 어떻게 되었나?

답　공주에서 패전했고 금구로 패주하여 다시 모병했으나 뜻대로 되지 않았다. 순창에서 잡혔다.

문　공주에서 접전할 때 몇 명이었는가?

답　1만여 명이었다.

문　동학은 어떤 주의인가?

답　충효를 본으로 삼고 보국안민하고자 하는 것이다.

문　너도 동학을 좋아했는가?

답　나도 매우 좋아했다.

문　동학의 여섯 직책에 대해 말해달라.

답　교장과 교수는 우매한 자를 가르치고, 도집강은 기강에 밝은 자이고, 집강은 시비에 밝고, 대정은 공평한 마음으로 교도를 후원하고, 중정은 강직하여 직언을 한다.

문　동학은 8도에 다 퍼졌는가?

답　5도에는 퍼졌으나 3도는 모르겠다.

문　일본군이 대궐에 침범했다는 소식은 언제 어디에서 들었나?

답　7월 중 남원에서 들었다.

문　거병을 모의한 곳이 어딘가?

답　삼례역이다.

문　왜 삼례역에서 모의했는가?

답　전주역 부근에서 주막이 많은 곳이 삼례다.

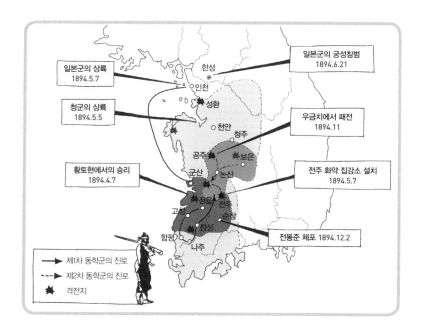

문　삼례의 호구 수는 얼마인가?

답　100여 호구다.

문　그 당시 몇 명이 모였나?

답　4000여 명이다.

문　그 뒤 어디로 갔나?

답　논산을 거쳐 공주로 갔다.

　　이상은 법무아문 재판관과 일본 공사가 심문한 275개 문항에서 발췌한 일부다. 일본은 대원군과의 관계, 전봉준의 심복을 캐내려고 했으나 전봉준은 모든 책임을 자신이 졌다.

사형 집행장은 돈의문 옆에 있었다. 오늘날 서소문 거리다. 망나니의 칼은 햇빛을 받아 서슬이 퍼렇다. 아침부터 망나니는 춤만 추고 칼을 휘두르지 않는다. 척왜양창의斥倭洋倡義. 일본을 몰아내고 정의로운 세상을 만들자는 깃발 아래 40만 농민을 결집시킨 녹두장군의 최후였다.

때가 와 온 세상이 모두 힘을 모았으나
운이 다하니 영웅도 어찌할 수 없네
백성을 사랑하고 정의를 위했을 뿐, 내겐 잘못이 없다
나라 위한 붉은 마음 누가 알리오

둥둥둥. 41세의 전봉준, 그는 굵은 삶을 살다 간 선비였다. 나라를 위해 목숨을 바치는 전봉준의 붉은 마음, 그것이 선비 정신이다. 백성을 사랑하고 정의를 이루는 것, 그것이 선비의 역사적 책무였다. 전봉준은 실천적 선비였다. 민중의 단결된 힘을 앞세워 세상을 개혁하고자 나선 그의 실천은 청사에 길이 빛나고 있다. 비숍은 보았다. 그리고 다음의 글을 남겼다. 소중한 기록이다.

동학혁명은 1895년 1월 초에 진압되었으며 그들의 지도자 전봉준은 서울로 압송되었다. 서소문 밖 북경로의 가장 붐비는 장터에 전봉준의 목 잘린 머리가 걸려 있고 그 아래에 다른 사람의 목 잘린 머리가 걸려 있는 것을 보았다. 그들의 머리는 마치 야영 솥걸이처럼 세 발 장대에 조잡한 장치로 매달려 있었다. 두 사람의 얼굴은 당당하고도 평온한 표정을 띠고 있었다Both faces wore a calm, almost dignified expression. 그곳에서 그리 멀지 않은 곳에 또 다른 목 잘린 머리는 노상에 방치되어 있었다. 아무도 돌보는 사람 없이 먼지투성이의 길 위에 버려진 목 잘린 머리들을 개들은 뜯어먹고 있었다.[38]

비숍, 『조선과 그 이웃 나라들』

비숍 여사는 1831년에 태어났다. 어려서부터 독실한 기독교적 가정교육을 받았다. 사촌들이 외국에서 선교사로 활약했기 때문에 비숍은 어린 나이에 외국에 관한 견문을 들으며 성장했다. 그는 병약했다. 척추 질환, 불면증, 무력감이 일생을 괴롭혔다. 그러나 그는 이미 7세에 『프랑스 혁명사』를 탐독할 만큼 총명했다.

그가 처음 찾아간 곳은 캐나다와 북미였다. 글재주가 많았던 그는 이때의 체험을 글로 썼는데, 그것이 곧 『미국에 온 영국 여인 *Englishwoman in America*』이다. 이를 통해 문명x%을 얻게 되자 그는 글과 여행을 자기의 본업으로 알고 살게 된다. 1894년 2월에 한국에 도착했는데 그때 이미 그의 나이는 64세의 노령이었다. 그는 1897년까지 네 차례에 걸쳐 한국을 방문했다. 뗏목을 타고 남한강을 답사했고, 노새를 타고 금강산을 관광했으며, 시베리아의 한인촌도 탐사했다. 그는 최초의 왕립지리학회 여성 회원이었다.

정확성accuracy은 그의 제일의 목표[39]였다. 조선에 있는 그의 외국인 친구들은, 그가 정확한 글을 쓰기 위해 얼마나 열심히 노력했는가를 잘 안다. 사라질 운명에 놓여 있는 관습과 의식을 기록으로 남기고 싶은 것이 이 글을 쓰는 그의 의도였다. 다음은 그 기록의 일부다.

사람을 구별하는 어려움은 일본이나 중국을 여행하는 낯선 사람들을 괴롭히지만 조선에서는 그렇지 않다. 몽골계 민족의 치켜 올라간 눈꼬리가 여전하고 청동색 피부의 흔적이 남아 있지만 피부색은 까무잡잡한 황색으로부터 아주 밝은 갈색까지 다양하다. 반듯한 코와 매부리코가 있는가 하면 콧구멍이 크고 넓적한 들창코도 있다. 비록 머리칼이 검기는 하지만 머리색을 내기 위해서는 검댕이와 기름을 자주 발라야 한다. 머리칼은 가는 철사줄처럼 뻣뻣한 것으로부터 비단결같이 부드러운 것까지 다양하다. 하층민들에게는 넓고 통통한 입이 흔하고 문벌가들에게서 보이는 작은 입은 작지만 모자람이 없으며 얇고 잘생겼다.

눈은 비록 검지만 암갈색으로부터 담갈색에 이르기까지 다양하다. 광대뼈는 높이 솟아 있다. 이마는 마치 유행을 따르기라도 한 것처럼 고상하고 이지적으로 생긴intellectual 경우가 많다. 귀는 작고 예쁘다. 일상적인 표정은 약간 당혹한 듯하면서도 활기에 차 있다cheerful. 좋은 의미에서 볼 때 그들의 외관은 힘이나 의지력보다는 재치 있는 지성quick intelligence의 모습을 보여준다. 조선 사람은 중국인이나 일본인과 닮지 않았다. 조선인은 중국인과 일본인보다 훨씬 잘생겼으며 체격은 일본인보다 훨씬 멋있다. 조선 사람들은 분명히 잘생긴 인종이다The Koreans are certainly handsome race.

조용한 아침 또는 상쾌한 아침의 나라라는 뜻을 가지고 있는 조선의 지리는 단순하다. 기후는 분명히 세계에서 가장 좋으며 가장 건강한 곳 중의 하나다. 1년 중 9개월 동안은 하늘이 보통 맑으며 조선의 겨울은 아주 훌륭하다. 겨울의 대기는 맑고 푸르고 구름이 없는 하늘과 매섭지 않은 날씨 속에서 매우 건조하다.

주인이 희게 옷을 입는 한, 세탁은 여인의 명백한 운명이다. 여인들은 시냇물에서 세탁한다. 여성은 세탁의 노예이며 서울의 밤의 정적을 깨는 유일한 소리는 규칙적인 다듬이 소리다.

조선 여인들은 매우 엄격하게 격리되어 있으며 다른 어느 나라의 여인들보다 그 정도가 더 심하다. 서울에서는 이와 관련하여 매우 신기한 제도가 널리 보급되었다. 8시경이 되면 거대한 종이 울리는데 이는 남자들이 집으로 돌아가라는 신호다. 그제야 여인들은 밖에 나가 즐기며 그들의 친구를 방문한다. 12시에 다시 종이 울리면 여인들이 물러가고 남자들이 자유롭게 밖으로 나간다. 지체 높은 가정의 부인이 나에게 들려준 바에 의하면 그는 낮에 서울 거리를 결코 나가본 적이 없다고 한다.

조선에서는 보기 드문 황소 떼가 시야에 들어온다. 황소가 풀을 뜯는 광경을 본 것은 처음이다. 이슬 내린 아침이면 황소 떼를 싱싱한 풀밭에 매어놓으러 가곤 하는데 이때 들려오는 황소의 울음소리, 아이들의 외침, 개 짖는 소리를 들으며 앉아 있는 기분은 매우 상쾌하다.

조선 사람은 결혼하기 전에는 그저 하찮은 애송이일 뿐이다. 결혼식이란 존경받는 어른이 되는 의식이다. 그의 머리털은 잘려 나가고 머리를 감쌌던 긴 머리카락은 자랑스러운 상투로 변하는 것이다. 그는 망건을 쓰게 된다. 그는 검은 갓을 쓰고 긴 도포를 입는다.

여자는 결혼에 의해 운명이 결정된다. 7세부터 아버지의 견고한 굴레에서 갇혀 살아오던 소녀는 17세가 되면 시댁의 엄한 담장 속에 갇혀 살게 된다. 신부는 놋쇠로 모서리를 장식한 예쁜 함을 받는다. 청사초롱을 든 남정네들이 이 선물을 신부 집으로 운반하는데, 도중에 횃불을 든 한 떼의 신부 측 남자들과 맞닥뜨린다. 정숙은 언제나 여자 쪽에 요구되는 미덕이다. 조선에서의 결혼은 영원한 의미를 갖는다. 침묵은 아내의 첫 번째 의무다 Silence is regarded as a wife's first duty. 그들은 말없이 현모양처의 법칙을 따른다. 조선의 여인이 어머니가 되면 그의 지위가 좀 나아진다. 조선 사람은 집은 있으나 가정은 없다. 남편은 아내와 떨어져서 기거한다. 부부 사이에 애정 표현이 없다. 남자의 즐거움은 기생을 통해서 얻어진다. 우리는 아내와 결혼하지만 첩과 사랑을 나눈다고 양반들은 말한다.

과음하지 않는 날은 거의 없었다. 과음은 조선의 독특한 모습이라고 말할 수 있다. 그러나 조선에서는 과음이 불명예가 아니다. 어떤 남자가 이성을 잃을 때까지 막걸리를 마신다고 해도 아무도 그를 야만스럽게 여기지 않는다.

나는 조선 사람들이 지극히 대식가라는 사실을 목격했다. 그들은 배고픔을 만족시키기 위해 먹는 것이 아니라 포만감을 즐기기 위해서 먹는다. 내가 여러 차례 관찰한 바에 의하면 포식의 훈련은 어릴 적부터 시작된다. 한 엄마가 어린아이에게 밥을 먹인다. 아이가 똑바로 앉은 자세에서 더 이상 밥을 먹을 수 없으면, 어머니는 자신의 무릎 위에 아이를 눕힌 다음 다시 먹이는 것이다. 평평한 숟갈로 배를 두드리면서 아이가 밥을 더 먹을 수 있는지 확인한다. 포식을 선호하는 것은 모든 계층에서 똑같다. 식사의 특징은 질이 아니라 양이며 어려서부터 가능한 많은 양의 식사를 하는 것이 인생의 목적이다.

왕비로부터 사사로운 초대를 받았던 일은 참으로 기쁜 일이 아닐 수 없다. 나는 경복궁에 여섯 번을 갔다. 궁전의 경이로움과 아름다움에 대한 경탄은 날로 늘었다. 왕비전으로 이르는 뜰에 우리가 도착했을 때 왕비를 보좌하는 제조상궁의 안내를 받았다. 그녀는 궁녀들의 우두머리로 특권을 가지고 있는 인물로서 나이는 중년에 이르렀는데 뛰어난 외모를 갖추고 있었다.

우리는 정중한 환대를 받았다. 저녁 식사는 서구 스타일로 훌륭하게 마련되어 있었다. 긴 절차를 거친 후에야 비로소 우리는 조그마한 알현실로 들어갔다. 알현실의 상단에는 왕과 세자 그리고 왕비가 서 있었다.

왕비 전하는 40세가 넘었으며 아주 잘생긴 날씬한 여성이었다. 윤기가 흐르는 까만 머리에 하얀 피부는 진주 빛 분을 발라 더욱 희게 보였다. 눈은 냉철하고 예리했으며 반짝이는 지성미를 풍기고 있었다.

왕비는 정중하고도 풍부한 재치를 보이며 나에게 여러 사사로운 이야기를 한 후 왕에게 무엇인가를 말했다. 왕은 즉각 왕비의 충고를 받아들여 약 30분가량 자신의 이야기를 계속했다.

나는 왕비의 우아하고 매력적인 예의범절과 사려 깊은 호의, 뛰어난 지성과 당당함singular intelligence and force에 깊은 인상을 받았다. 통역자를 통해 나에게 전달되기는 했지만 그녀의 화법conversational power은 탁월했다.

왕의 표정은 온화했다. 왕은 놀라운 기억력을 가지고 있었으며 조선의 역사에 대해 상당한 지식을 가지고 있었다. 그는 어떤 종류의 질문을 해도 명확하고 상세하게 답변할 수 있었다. 역사적인 사건이 일어난 지역과 연도까지 정확하게 설명할 수 있는 기억력을 가지고 있었다. 왕은 외국에 대한 반감을 가지고 있었다. 그는 통치자로서 지극히 근면한 사람이며 각 부처의 모든 일을 잘 파악하고 있었다. 그는 애국적 군주였다. 그는 한없이 선량한 사람이었고, 사상 면에서 상당히 진보적인 생각을 가지고 있었다. 만일 그가 보다 더 확고하고 강인했더라면 훌륭한 통치력을 발휘할 수 있었을 것이다.

내가 세 번째로 왕을 알현했을 때 왕은 실용적인 정보에 대해 많이 알고 싫어했다. 나는 상당히 구체적인 질문을 받았다. 예를 들면 철도 건설에서 매 리里당 지출되는 건설 비용까지 물었다. 조선에는 나에게 깊은 인상을 남겨준 예의범절과 순수함, 위엄 그리고 친절함이 있었다.

10월 8일 미우라는 무사들에게 대궐에 침입하여 신속하게 '여우Fox'를 처리하라고 명령했다. 정문을 통하여 침입한 그들은 왕과 왕비의 처소까지 진격했다.

일본 무사들은 궁녀들의 머리를 잡아채어 끌며 왕후가 있는 곳을 대라고 협박했다. 그들은 왕비를 찾기 위해 네 명의 궁녀를 무참히 살해했다. 그들은 왕의 면전에서 시녀들의 머리채를 끌며 난동을 부렸다. 어린 세자 역시 사로잡혀 왕후가 있는 곳이 어디냐고 위협당했다. 왕자는 가까스로 왕에게 달려와 아버지를 붙잡고 있었다.

모든 일이 끝나기까지 한 시간도 걸리지 않았다. 무장한 병사가 민비의 침소로 달려갔다. 왕비는 머리채를 잡힌 채 칼을 맞고 쓰러졌다. 일본인들은 왕비를 널빤지에 올려놓고 비단으로 싸서 근처 소나무 숲으로 옮겼다. 나뭇단에 등유를 부은 뒤 시신을 불태웠다. 남은 것이라고는 뼈 몇 마디뿐이었다. 44세40의 나이의 왕비는 한 우방 국가의 공사에 의한 피비린내 나는 음모에 자극을 받은 자객들의 손에 그렇게 죽어갔다. 그녀는 영리하고 당당하며 매혹적이었던, 여러 면에서 아름다웠던 조선의 여왕이었다the clever, ambitious, intriguing, fascinating, and in many respects lovable Queen of Korea.

우리에게도 잘못은 있었다

인간은 두 번 산다. 한 번은 사랑하면서 살고 또 한 번은 그 사랑을 기억하면서 산다. 첫사랑만큼 아프고 시린 기억이 또 있으랴? 사춘思春의 시기 맞는 연인의 체취는 무의식 저 깊숙한 곳에 각인되어 나에게 베아트리체가 되고 베르테르가 된다. 이루지 못한 사랑이었기에 가슴 아파도 그렇기에 사랑은 아름답다. 청춘의 아름다운 추억이 없다면 이 삶은 얼마나 황량하겠는가?

마찬가지다. 인간은 두 역사를 갖는다. 하나는 살며 사랑하고, 소유하며 투쟁하는 역사이고 다른 하나는 그 삶을 기록하는 역사다. "지금까지 모든 철학은 세계를 해석해왔다. 이제 중요한 것은 세계를 변혁하는 것이다"라는 금언 그대로 나에겐 오직 세계를 변화시키는 투쟁만이 의미가 있었다. 그런데 이제는 삶을 기록하는 일이 투쟁 못지않게 비중 있게 다가온다. 아니, 투쟁의 역사보다 기록의 역사가 더 중요할지도 모르겠다는 생각마저 든다.

지금까지 우리는 500년 조선왕조의 기록을 더듬어보았다. 무엇을 버리고, 무엇을 계승할 것인가? 이 쉬운 물음 앞에서 나는 늘 더듬거렸다. 나의 판단이 숙명적으로 빠질 수밖에 없는 주관성을 경계하기 위해 나는 '비교'의 방법을 도입했다. 정도전의 실천을 플라톤의 철인정치와 비교했고, 태종 이방원을 당 태종 이세민과 비교해보았다. 이순신을 그리스의 테미스토클레스와 비교했고, 서경덕을 코페르니쿠스와 비교해보았으며, 조광조를 토머스 모어와 비교했다. 정조를 루이 16세와 비교해 살펴보았고, 판소리의 집대성자 신재효를 호메로스와 비교해 고찰했다.

　조선왕조는 꽤 볼 만한 왕조였다. 인의예지로 대표되는 유교의 이데아는 정도전의 손에서 새 왕조의 개창 이념이 되었다. 누가 뭐라든 조선왕조는 애민과 위민 정신을 추구한 왕조였다. 세종과 영조와 정조가 이룬 성취에 대해서 나는 아직도 모르는 게 많다. 조선의 선비들 중에는 세계사에 내놓아도 손색이 없는 훌륭한 분들도 있었다. 코페르니쿠스와 갈릴레이, 데카르트와 뉴턴 같은 과학자는 없었어도 들여다볼수록 그윽한 인격의 높은 경지에 도달한 선비들이 있었다. 은일의 서경덕, 강직의 조식, 물러섬의 이황 말고도 시대의 개혁을 위해 분투한 조광조와 이이가 있었다. 음풍농월한 선비들도 많았지만 이익처럼 농사 짓는 선비도 있었고, 정약용처럼 시대는 그를 버렸지만 마지막까지 시대를 버리지 않은 선비도 있었다. 마침내 민중의 선두에 서서 민중과 함께 세상을 바꾸고자 나선 유계춘과 전봉준을 우리는 본다.

　1970년 11월 13일 '근로기준법을 지키라'고 외치면서 청계천 골목길에서 몸을 불사른 전태일의 가슴에도 한줄기 선비 정신이 꿈틀거리고 있었는지 모른다. 어린 소녀 봉제공들에게 차비를 털어 풀빵을 사주어야 직성이 풀렸던 전태일의 어진 마음, 그것은 측은지심惻隱之心이었다.

1980년 5월 26일 광주 도청을 지키던 400여 젊은이들에게 '너희는 나가 역사를 증언하라'고 당부한 뒤, 다음 날 새벽 공수부대원이 갈긴 총탄에 목숨을 잃은 윤상원의 가슴에도 한줄기 선비 정신이 꿈틀거리고 있었는지 모른다. 민중의 편에 서서 역사를 책임지기 위해 일신의 희생을 결단한 그의 초연한 눈빛, 그것은 살신성인殺身成仁이었다.

1987년 1월 14일 치안본부에 끌려가 고문관들의 모진 고문을 당하고도 자백을 거부하다 죽어간 박종철의 가슴에도 한줄기 선비 정신이 꿈틀거리고 있었는지 모른다. 초겨울 서리 내린 자취방 유리창 앞에서 '독재 타도' 네 글자를 써넣던 박종철의 손끝, 불의와는 타협할 수 없다는 그의 결의는 달리 말하자면 수오지심羞惡之心의 그것이었다.

반성할 것은 반성하자. 우리는 비판정신이 부족한 민족이었다. 우리가 서양인들로부터 배워야 할 것은 이 비판정신이다. 서양인들은 끊임없이 자기들의 선조를 비판했고, 새로운 정신세계를 찾아 나섰다. 서양의 젊은이들은 그들의 우상을 타파하는 데 용감했다. 코페르니쿠스는 프톨레마이오스를 타파했고, 갈릴레이는 아리스토텔레스를 타파했으며, 아인슈타인은 뉴턴을 타파했다.

청년들의 진취적 힘을 빨아먹은 무서운 괴물은 과거였다. 1801년(순조 1년) 한양에 시험을 보러 온 이들이 무려 10만 명이었다고 한다. 33

명을 뽑는 시험에 말이다. 조선의 청년들은 이 무모한 시험에 목숨을 걸었다. 『대학』『논어』『맹자』『중용』의 순으로 공부하는 사서는 좀 쉬웠다. 『시경』『서경』『역경』『예기』『춘추』로 이어지는 오경의 공부는 지옥이었다. 기원전 1000년 무왕과 주공이 건설한 주나라의 역사와 철학을 자구 하나 빠뜨리지 않고 암송하다니! 중요한 것은 공부의 목적이었다. 가문을 빛내기 위함이라는 이 지독히도 이기적이고 맹목적인 대의명분 앞에 조선의 청소년들은 무릎을 꿇었다. 새로운 세계를 열기 위해 도전하는 젊은이가 없는 나라는 정체될 수밖에 없다. 인정할 것은 인정해야 한다. 우리에게도 잘못은 있었다.

조선의 젊은이들에게 진리는 공자와 맹자 그리고 주자였다. 그들은 회의할 줄 몰랐고, 의심할 줄 몰랐다. 그들은 모험하지 않았고 도전하지 않았다. 나는 이 사유의 특징을 교조주의라 부른다. 자신의 머리로 생각하지 않고, 특정인의 말을 그대로 받아들여 마치 자신의 생각인 양, 앵무새처럼 반복하는 사유 말이다. 과거 시험은 판박이 성리학자를 찍어내고 있었다.

비교해보니 조상들의 사유는 직관이 발달한 반면, 분석정신이 결여되어 있었다. 직관은 세계를 이해하는 하나의 사유이지만, 직관에만 의존하다 보면 끈 떨어진 연, 현실을 떠난 관념이 된다. 관찰하고 실험하며, 실험과 관찰에 의거하여 분석적 사유를 발달시킨 것, 이 점을 우리는 서양인들로부터 배워야 한다.

역사는 인간이 해결할 수 있는 과제만을 인간에게 제기한다. 이 과제를 남들보다 먼저 고민하는 이가 진보적 지식인이다. 우리는 진보적 지식인의 입에 재갈을 물린 조선왕조가 어떻게 침몰했는지 잘 보았다.

지배자들이 당대의 문제를 외면하면 민중이 고통받는다. 나는 보았다. 진주민란과 동학농민혁명을 보았다. 그때 일어선 민중은 제 한 목숨 살고자 일어선 소인배가 아니었다. 모두가 세상을 바꾸자고 일어선 호민豪民이었다. 전 세계 어느 나라에서도 찾아볼 수 없는 역동적 역사였고, 역동적인 민족이었다. 평시에는 제 잇속만 차리는 것으로 알았던 그 어리숙한 민중이 한번 일어서니, 화산이 되고 해일이 되어 못된 세상을 휩쓸어버리는 모습을 나는 지난 역사에서 보았다. 우리 민중에겐 그 힘이 있다. 이것이 『역사 콘서트』가 보여주는 가르침이다.

4부 : 왜란과 호란

1   선조 86권, 30년(1597년) 3월 13일(계묘) 두 번째 기사, '이순신에게 벌하는 것을
    대신들에게 의논하도록 하다'.
    "비망기로 우부승지 김홍미金弘微에 전교했다. '이순신李舜臣이 조정을 기망欺罔한
    것은 임금을 무시한 죄이고, 적을 놓아주어 치지 않은 것은 나라를 저버린 죄이
    며, 심지어 남의 공을 가로채 남을 무함하기까지 하며[장성한 원균元均의 아들을 가
    리켜 어린아이가 모공冒功했다고 계문啓聞했다] 방자하지 않음이 없는 것은 기탄함이
    없는 죄다. 이렇게 허다한 죄상이 있고서는 법에 있어서 용서할 수 없는 것이니
    율律을 상고하여 죽여야 마땅하다. 신하로서 임금을 속인 자는 반드시 죽이고 용
    서하지 않는 것이므로 지금 형벌을 끝까지 시행하여 실정을 캐어내려 하는데 어
    떻게 처리할 것인지 대신들에게 하문하라.'"
2   이순신이 붙잡혀간 후 이순신의 가족들은 4개월분의 『난중일기』와 『임진장초』를
    유성룡에게 건네주어 무죄를 밝히려고 노력했으나, 유성룡은 자신이 직접 나서
    면 오히려 선조의 노여움만 부채질하여 역효과를 낼 것으로 생각하고 은밀히 우
    의정 정탁에게 그 자료들을 넘겨주어 읽어보게 했을 것이다. 『난중일기』를 읽고
    난 정탁은 이순신의 무죄를 확신했고 이순신의 구명상소를 올린다. -『충무공 이
    순신 전서』, 박기봉 편역, 비봉출판사, 2006. 350쪽.
3   이순신, 『난중일기』, 송찬섭 옮김, 서해문집, 2004. 38쪽, 40쪽.
4   같은 책, 111쪽. '합하면 214명이 아닌 209명이다. 원문의 오류인 듯하다.' 라는

설명이 달려 있다.

5   같은 책, 111쪽.

6   태종 25권, 13년(1413년) 2월 5일(갑인) 첫 번째 기사, '통제원 남교에서 머무르다. 임진도를 지나다가 거북선과 왜선이 싸우는 것을 구경하다'.

7   판옥선은 조선 수군의 주력선이다. 밑바닥이 편평한 평저선으로 물에 덜 잠기므로 항해할 때 배의 움직임이 자유롭다. 같은 책. 46쪽.

8   선조 26권, 25년(1592년) 5월 1일(경신) 20번째 기사, '전라수군절도사 이순신이 거제 앞 나루에서 왜적을 격파하다'.
    "이에 앞서 순신은 전투 장비를 크게 정비하면서 자의로 거북선을 만들었다. 이 제도는 배 위에 판목을 깔아 거북 등처럼 만들고 그 위에는 우리 군사가 겨우 통행할 수 있을 만큼 십자+字로 좁은 길을 내고 나머지는 모두 칼·송곳 같은 것을 줄지어 꽂았다. 그리고 앞은 용의 머리를 만들어 입은 대포 구멍으로 활용했으며 뒤에는 거북의 꼬리를 만들어 꼬리 밑에 총 구멍을 설치했다."

9   선조 34권, 26년(1593년) 1월 11일(병인) 15번째 기사, '각도에 있는 병마의 숫자'.
    "답보答報하면서 헤아려 개진한 것은 다음과 같다. 위의 각처 군마軍馬는 합계가 17만 2400명인데, 적의 향방에 따라 기회에 따라 진격하므로 주둔하거나 가는 곳을 확실하게 지적할 수 없으며 또한 군사의 수효도 첨가되거나 나뉘어져서 많고 적음이 일정하지 않다."

10 선조 26권, 25년(1592년) 4월 30일(기미) 첫 번째 기사, '새벽에 서울을 떠나다'.

11 선조수정실록 26권, 25년(1592년) 4월 14일(계묘) 다섯 번째 기사, '비변사에서 심충겸을 참판으로 삼아 도의 군사를 징집하여 구원하도록 하다'.
    "비변사가 병조 판서 홍여순洪汝諄은 책응策應을 잘 못한다는 것으로 체차하기를 계청하고 김응남金應南으로 대신하게 하는 한편, 심충겸沈忠謙을 참판으로 삼아 여러 도의 군사를 징집하여 들어와 구원하도록 하였다."

12 선조수정실록 26권, 25년(1592년) 4월 14일(계묘) 28번째 기사, '도성의 궁성에 불이 나다'.

13 선조 26권, 25년(1592년) 4월 30일(기미) 세 번째 기사, '저녁에 임진강 나루에 닿아 배에 오르다'.

14 선조 47권, 27년(1594년) 1월 11일(경인) 여섯 번째 기사, '송유진 역모와 백성 진

흉 등의 일에 대해 전교하다'.

"충청도에 도적이 매우 성하여 대낮에 횡행하면서 군량과 무기를 탈취하여 가는데 사람은 살해하지 않는다 하니 일이 매우 우려스럽다. 호종扈從하는 제반 일을 십분 엄밀히 하도록 하라. 그리고 대신으로서 군사를 훈련시키고 백성을 진구賑救하는 여러 가지 조처 등에 대해 빠짐없이 규찰하여 날마다 경칙警飭시키게 할 것은 물론 소동이 일어나지 않도록 하라."

15 선조 106권, 31년(1598년) 11월 27일(무신) 다섯 번째 기사, '좌의정 이덕형이 수군의 활약상에 관한 치계를 올리다'.

16 같은 기사.

17 오희문, 『쇄미록』, 이민수 옮김, 해주오씨추난공파종중, 1990.

18 임진왜란 직전인 1591년 권율은 의주 목사로 발령되었지만 이듬해에 해직되었다. 그러니까 그는 왜란이 일어났을 때 관직을 떠나 있었던 것이다. 전란이 일어나자 그는 즉시 광주 목사에 제수되었다. 개전 석 달째인 1592년 7월 8일 권율과 동복 현감 황진은 금산 서쪽의 이치에서 고바야카와가 이끄는 왜군을 맞았다. 그때 일본군은 전주를 함락시키기 위해 웅치와 금산으로도 진군하고 있었다. 이치에서 격전 끝에 승리할 수 있었다. 이 전투에서 권율은 뛰어난 지휘력을 발휘했다. 이치 전투의 승리는 이순신의 해전과 함께 곡창 지대인 전라도를 보호하는 결정적인 계기가 되었다. 승전의 공로로 권율은 전라도 관찰사로 승진했다. ─김범, '권율', 네이버캐스트.

19 오희문, 같은 책.

20 같은 책, 84~85쪽 발췌.

21 선조 27권, 25년(1592년) 6월 28일(병진) 네 번째 기사, '경상우도 초유사 김성일이 의병이 일어난 일과 경상도 지역의 전투 상황을 보고하다'.

22 같은 기사.

23 같은 기사.

24 김영중, 『서산대사』, 밀알, 2000.

25 선조 120권, 32년(1599년) 12월 19일(갑오) 두 번째 기사, '사헌부가 황해 도사 허균의 파직을 청하다'.

"사헌부가 아뢰기를, '황해 도사黃海都事 허균許筠은 경창京娼을 데리고 와서 살면서 따로 관아를 자기 집에 설치했고, 또 중방中房이라는 무뢰배를 거느리고 왔는데 그가 첩과 함께 서로 안팎이 되어 거침없이 행동하면서 함부로 청탁을 하므로 많은 폐단을 끼치고 있습니다. 온 도내가 비웃고 경멸하니, 파직시키소서' 하니, 아뢴 대로 하라고 답했다."

26 허경진, 『허균 평전』, 돌베개, 2002. 195쪽.

27 선조 211권, 40년(1607년) 5월 4일(병인) 두 번째 기사, '이교 엄금, 정업원·안일원의 거주자 철거, 허균과 곽재우 탄핵 등에 관한 사헌부의 상소문'.

28 선조 35권, 26년(1593년) 2월 13일(무술) 첫 번째 기사, '영의정 최흥원 등을 인견하고 평양으로 진주하는 일, 군량 모속 등을 논의하다'.

29 인조 50권, 27년(1649년) 2월 14일(계묘) 세 번째 기사, '김홍욱·조복양·이천기·홍처윤·김식 등이 시폐를 상차하다'.

30 「광해군일기」에는 정항이 영창대군을 굶겨서 죽게 하였다거나 온돌을 뜨겁게 달구어 증살蒸殺했다고 되어 있다. 그러나 「인조실록」에 의하면 광해군의 밀명을 받은 별장別將 이정표李廷彪가 음식물에 잿물을 넣어 영창대군을 죽게 하였다고 기록되어 있어 논란이 있다.

31 광해 80권, 6년(1614년) 7월 3일(계축) 13번째 기사, '호조가 공물 징수에 선혜청을 설치하여 폐단을 없애자고 건의하다'.

32 효종 2권, 즉위년(1649년) 11월 5일(경신) 네 번째 기사, '우의정 김육이 호서·남지방의 대동법 시행을 건의하여 대신과 의논하다'.

33 현종 7년(1666년) 함경도에 확대 실시했고, 숙종 3년(1667년) 경상도에 실시했다.

34 효종 3권, 1년(1650년) 1월 24일(무인) 첫 번째 기사, '김시진이 송시열과 김집의 사직 문제의 해결을 청하다'.
"상이 주강에 나아가 『중용』 32장을 강했다. 강을 마치자 지평 김시진金始振이 나아가 아뢰기를, '송준길宋浚吉과 송시열 등이 악을 미워하고 선을 선양하는 행동을 했기 때문에 헐뜯는 말이 많은데, 혹 그를 좋아하지 않는 자가 이런 기회를 노릴까 염려됩니다. 이번에 우상이 공박하여 배척함이 너무 지나쳤습니다. 우상도 사류士類인데 어찌 그 지경에 이르렀는지 모르겠습니다. 김상헌도 물러가려 하므로 여정輿情의 실망이 너무 큽니다. 전하께서는 비록 양편의 중간에 서는 것으로 화합을 시키는 바탕으로 삼으려 하시지만 일이란 본디 시와 비가 있기 마련이니 둘 다 옳을 수는 없는 것입니다. 삼가 바라건대 전하께서는 분명하게 분별하시어 처리하소서' 하니, 상이 잠자코 말이 없었다."

35 이덕일, 『당쟁으로 보는 조선역사』, 석필. 1997. 244쪽.

36 광해 110권, 8년(1616) 12월 21일(정사) 두 번째 기사, '진사 윤선도의 상소문'.

37 이영화, 『조선시대 조선사람들』, 가람기획, 1998. 265쪽.

38 숙종 7권, 4년(1678년) 1월 23일(을미) 첫 번째 기사, '대신과 비변사의 제신을 인견하다. 돈을 만들어 사용하게 하다'.

39 이헌창, 『한국경제통사』, 법문사, 2003. 108쪽.

40 같은 책, 109쪽.

41 중앙은행이 화폐를 발행함으로써 얻는 이익, 다시 말해 화폐의 액면가에서 제조 비용을 뺀 이익을 시뇨리지라고 한다. 다른 말로는 화폐 주조 차익 또는 화폐 발권 차익이라고 한다.

42 고종이 44년, 선조가 41년, 중종이 38년간 보위에 있었다. 숙종과 영조까지 이들 다섯 왕의 통치 기간을 합하면 총 221년이다.

43 숙종실록, 묘지문.

44 같은 글.

45 장자오청·왕리건, 『강희제 평전』, 이은자 옮김, 민음사, 2010. 649~650쪽.

46 이종하, 『우리 민중의 노동사』, 주류성, 2001. 234쪽 재인용.

47 헨드릭 하멜, 『하멜 표류기』, 김태진 옮김, 서해문집, 2003. 21~26쪽.

48 효종 11권, 4년(1653년) 8월 6일(무진) 두 번째 기사, '제주 목사 이원진이 난파당한 서양인에 대하여 치계하다'.

49 헨드릭 하멜, 앞의 책. 34쪽.

50 인조 25권, 9년(1631년) 7월 12일(갑신) 첫 번째 기사, '진주사 정두원이 명나라 서울에서 돌아와 천리경·서포·자명종·염초화·자목화 등 물품을 바치다'.

51 이철, 『조선의 백과사전을 읽는다』, 알마, 2011. 81쪽.

52 연산 39권, 6년(1500년) 10월 22일(계묘) 두 번째 기사, '강도 홍길동을 잡았으니 나머지 무리도 소탕하게 하다'.

53 연산 39권, 6년(1500년) 10월 28일(기유) 두 번째 기사, '홍길동을 도와준 엄귀손의 처벌을 의논하다'.

54 연산 39권, 6년(1500년) 12월 29일(기유) 첫 번째 기사, '홍길동의 죄를 알고도 고발하지 않은 권농 이정들을 변방에 보내기로 하다.'

55 명종 25권, 14년(1559년) 3월 27일(기해) 두 번째 기사, '개성부 도사를 무신으로 뽑아 보내 도적을 잡을 방도를 논의하다'.

56 숙종 31권, 23년(1697년) 1월 10일(임술) 세 번째 기사, '반역 모의에 관련된 이절·유선기 등은 복주되고 이익화·장영우 등은 귀양 보내다'.

57 같은 기사.

"어느 날 이영창이 이절의 집에 와서 우리 스승을 가서 만나보는 것이 좋을 것이다'고 했다. 이영창의 스승이란 운부라는 이름의 중이다. 당시 나이 70세였다. 명나라가 망한 뒤 중국에서 표류하여 우리나라에 도착하여 금강산에 들어갔다. 불경을 승도들에게 가르치면서 그중에서 뛰어난 자 100여 인을 결집했다. 그리고 또 장길산의 무리들과 결탁했고, 먼저 우리나라를 평정한 후, 정씨를 왕으로 세운 뒤 중국을 공격하겠다고 한다."

5부 : 영조와 정조

1 지평 이복원이 영조 31년(1755년) 12월 13일 상소문을 올리면서 '민국의 대계大計'라는 말을 사용했다. 상소의 내용을 보면 이미 영조와 조정의 관료들이 '민국'이란 말을 일반적으로 사용했음을 알 수 있다.

2 영조 51년(1775년) 12월 8일(신해) 두 번째 기사, '왕세손이 네 번째 상소하다'.

3 영조 29권, 7년(1731년) 3월 25일(무자) 세 번째 기사, '홍치중이 양역 변통의 일을 아뢰다. 노비 종부·종모법을 정하라고 명하다'.

4 숙종 4년 노비가 47퍼센트이던 것이 정조 10년 노비가 8퍼센트로 감소된다. -이준구, 『조선후기 신분직역변동연구』, 일조각, 1993. 220쪽.

5 양천교혼율의 증가는 하층 구조의 신분 혼효 현상과 더불어 신분 변동의 원인으로 작용했다. 공천이든 사천이든 그들의 통혼율을 보면 숙종 4년 이후 100여 년 동안 양천교혼율은 18퍼센트에서 42퍼센트로 증가하고 있다. -같은 곳.

6 성현은 『용재총화』에서 절반이 노비라고 보고했다. 노비의 수가 많음을 강조한 발언이다.

7 이종하, 『우리 민중의 노동사』, 주류성, 2001. 249쪽.

8 같은 책. 250쪽.

9 이준구, 『조선후기 신분직역변동연구』, 일조각, 1993. 213쪽.

10 숙종 61권, 44년(1718년) 1월 4일(계축) 두 번째 기사, '희정당에 나아가 청나라 사신을 접견하다'.

   "15세에서 30세까지는 미곡 50석을 바치고, 31세에서 40세까지는 미곡 40석을 바치고, 41세에서 50세까지는 미곡 30석을 바치고, 51세에서 55세까지는 미곡 20석을 바치고, 56세에서 60세까지는 미곡 10석을 바치게 했다."

11 영조 28권, 6년(1730년) 12월 26일(경신) 세 번째 기사, '군역과 인족의 폐해와 노비종모법의 실시와 또 동전의 주조 등에 대한 김상성의 상소'.

12 납공 노비의 수는 성종대 35만 명에서 영조대 3만 6191명으로 감소. – 이종하, 『우리 민중의 노동사』, 258쪽.

13 영조 21권, 5년(1729년) 1월 23일(무진) 첫 번째 기사, '군정·진전·역노비의 세 가지 문제에 대한 경상도 관찰사 박문수의 상소문'.

14 영조 29권, 7년(1731년) 6월 3일(갑오) 다섯 번째 기사, '가뭄이 심하여 대신들을 모아 진휼책으로 주전과 무곡에 대해 의논하다'.

15 영조 31권, 8년(1732년) 6월 22일(정축) 두 번째 기사, '박문수가 영남에서 구운 소금 1만 석을 수송하여 경기를 진하게 하다'.

16 영조 30권, 7년(1731년) 11월 17일(병자) 첫 번째 기사, '안흥을 살피고 온 박문수를 소견하여 보고를 듣다'.

   "임금이 호서湖西의 민간의 일에 대해 물으니, 박문수가 말하기를, '금년에 큰 흉년이 들어서 열 집에 아홉 집은 양식이 떨어졌습니다. 신이 호서에 장곡庄穀이 있기 때문에 100곡斛의 곡식을 출연出捐하여 공주公州에 주어 진자賑資를 돕도록 해서 호서 사대부들의 창도倡導가 되었습니다."

17 영조 30권, 7년(1731년) 12월 27일(병진) 세 번째 기사, '호서에 아사자가 있다 하니 휼전을 베풀고 감사 이형좌를 추고하다'.

   "호서湖西에 굶주려 죽은 사람이 있어서 영성군靈城君 박문수朴文秀가 계문啓聞하니, 임금이 휼전恤典을 내릴 것을 명하고, 즉시 진문陳聞하지 않고 또 진구賑救하지 않았다 하여 감사監司 이형좌李衡佐를 무겁게 추고推考했다."

18 영조 33권, 9년(1733년) 1월 27일(기유) 세 번째 기사, '영성군 박문수가 상소하

여 소금을 구워 흉년을 구제하는 이점을 말하다'.

19 이익, 『성호사설』, 최석기 옮김, 한길사, 1999. 291~292쪽.

20 "붕당의 반대는 탕평이다. 탕평을 외치면 금방 붕당의 폐해가 제거될 듯한데, 근래에는 탕평당이라는 것이 있다. 이쪽도 저쪽도 아닌 중간에 서 있는 붕당이다." -같은 책, 173쪽.

21 "조선 500년 동안 문과 급제자의 총수는 1만 5000명이었다. 한 사람이 관리로 살아가는 연한을 30년이라 한다면 문과 급제자가 900명이다. 소과 급제자를 다 합하면 2330명이다. 그런데 이들에게 줄 자리는 500개였다. 벼슬길에 나갔다가 물러나는 기간을 대략 30년으로 잡으면 이 30년 동안에 문과 및 생원·진사과에 합격하는 인원이 330명이 된다. 이조에서 추천해 올리는 자리가 400개가 되지 않는다. …… 이 500여 자리로 2330명을 두루 다 대우할 수 없다." -같은 책, 133쪽.

22 "지금 세상의 사대부들은 농사에 힘쓰는 것을 수치로 여긴다. 그러므로 농사에 힘쓰는 자들 중에 쓸 만한 인재가 없다. 이제 별도로 과목을 만들어 수령들로 하여금 힘써 농사짓는 사람들을 천거하게 하고, 그 가운데에서 우수한 자를 뽑아 등용하게 하면 호걸들이 점차 농사에 종사하게 될 것이다." -같은 책, 215쪽.

23 "사람을 위해 벼슬자리를 고르는 가장 심한 폐단은 과거다. 벼슬자리를 얻으려면 먼저 과거 시험을 통과해야 한다. 불구덩이에서 재물을 취하고, 물속에서 진주를 찾는 것처럼 기어이 남보다 먼저 합격하려 한다. 과거에 합격하면 약정서를 가진 것처럼 벼슬을 달라고 조른다." -같은 책, 210쪽.

24 "내가 전에 균전론을 지었는데, 그 대략은 다음과 같다. '농지 몇 묘로 한계를 정하여 한 농부의 영업전을 만든다. 영업전 이외의 농지는 마음대로 사고팔게 한다. 단 남의 영업전을 가지고 있을 경우 그 토지 문서를 불사른다. 관청에서는 토지 장부를 보관해두고 싼 값으로 팔지 못하도록 한다." -같은 책, 153쪽.

25 정조 27권, 13년(1789년) 3월 7일(갑자) 두 번째 기사, '규장각이 검서관의 근무 연한에 따른 천직에 관해 아뢰다'.
"검서관은 처지가 근신近臣이고 일이 고되기가 이문 학관보다는 10배가 될 뿐이 아닙니다. 30개월이 되면 전천시키는 것이 그들의 공로에 보답하는 뜻에 맞는 일일 것 같습니다."

26 정조 31권, 14년(1790년) 10월 24일(신미) 첫 번째 기사, '별주別奏를 연경으로 보내다'.

"검서관檢書官 박제가朴齊家에게 군기시정軍器寺正의 직함을 임시로 주어 그것을 가지고 동지사 일행을 뒤따라 함께 가게 했다."

27 박지원, 『열하일기』 상, 리상호 옮김, 보리, 2004. 366쪽.

28 같은 책, 370~372쪽 요약.

29 정조 30권, 14년(1790년) 5월 17일(정유) 두 번째 기사, '수원 부사 조심태가 새 고을 시정에 점포를 설치하는 일에 대해 보고하다'.

30 정조 39권, 18년(1794년) 1월 12일(경자) 첫 번째 기사, '현륭원에 참배하기 위해 과천 행궁에서 유숙하다'.

31 정조 39권, 18년(1794년) 1월 13일(신축) 두 번째 기사, '현륭원에 나아가 작헌례를 행하다'.

"어가가 현륭원에 나아가 작헌례를 행하였다. 향香을 피우려 할 적에 상이 간장이 끊어질 듯 흐느껴 울었다. 겨우 의식을 마치고 이어 원園에 가서 봉심하였는데, 상이 더욱 오열하며 눈물을 줄줄 흘리자 곁에 있던 사람들도 모두 울면서 어쩔 줄을 몰라했다."

32 정조 38권, 17년(1793년) 12월 6일(을축) 첫 번째 기사, '영중추부사 채제공, 비변사 당상 정민시·심이지 등을 소견하다'.

33 정조 40권, 18년(1794년) 5월 22일(무신) 두 번째 기사, '영중추부사 채제공이 수원성을 쌓는 데 승군을 사용하자 건의하다'.

34 정조 40권, 18년(1794년) 6월 28일(계미) 네 번째 기사, '더위를 씻어주는 척서단 4000정을 수원성 쌓는 곳에 내려주다'.

35 정조 45권, 20년(1796년) 10월 22일(갑오) 두 번째 기사, '백성들에게 피해를 주지 않고 국가 경비를 조달할 것을 이시수에게 이르다'.

36 정조 43권, 19년(1795년) 11월 7일(갑인) 세 번째 기사, '화성의 둔전이 완성되다. 성 밖의 진전 개발과 품삯 등의 일로 윤음을 내리다'.

37 순조 2권, 1년(1801년) 2월 9일(을묘) 여섯 번째 기사, '사헌부에서 이가환·이승훈·정약용을 탄핵하다'.

38 정약용, 『유배지에서 보낸 편지』, 박석무 편역, 창비, 2001. 39~41쪽.

39 같은 책, 55~56쪽.

40 같은 책, 60쪽.

41 같은 책, 65~66쪽.

42 순조 13권, 10년(1810년) 9월 21일(계유) 두 번째 기사, '의금부에서 아비의 신원을 꾀한 정후상과 윤의도 문제에 대해 아뢰다'.

43 같은 책, 150쪽.

44 학계의 연구에 의하면, 행상行商이라는 용어가 보편적으로 사용되었고, 이들은 관청으로부터 노인路引이라는 통행증을 발급받아 상업 행위를 할 수 있었다. 보부상이라는 명칭이 최초로 등장하는 시기는 19세기 이후부터이다. 15세기 중엽 이전인 조선 전기에는 오일장 체제가 형성되지 않았기 때문에 장돌뱅이라는 직업이 존재할 수 없었다.

45 이수광, 『조선부자 16인의 이야기』, 스타리치북스, 2015. 14쪽.

46 같은 책, 165쪽.

47 숙종 64권, 45년(1719년) 7월 11일(임오) 두 번째 기사, '경강의 백성 김세만에게 절충 장군의 품계를 내리다'.

48 순조 13권, 10년(1810년) 9월 9일(신유) 첫 번째 기사, '박종경을 이조판서로 삼다'.

49 헌종 2권, 1년(1835년) 6월 26일(갑인) 첫 번째 기사, '임상옥은 작년에 의주부의 수재水災 뒤 큰 재물을 낸 공로로 외직外職에 조용調用하라는 승전承傳을 받게 된 것입니다'.

50 인조 34권, 15년(1637년) 5월 26일(계사) 첫 번째 기사, '비국의 건의로 좌영장 최진립 등에게 표창하게 하다'.
      "'정세규鄭世規가 험천險川에서 전투를 치를 때 좌영장 최진립崔震立, 우영장 심일민沈逸民, 별장 황박黃珀, 중군 이건李楗, 참모관 이경선李慶善, 방량차사원放粮差使員 이상재李尙載, 군기차사원 김홍익金弘翼, 심약審藥 이시량李時亮을 대동하고 갔는데, 심일민은 힘껏 싸우다 화살에 맞아 죽을 뻔하여 벗어났고, 최진립 이하는 모두 진중에서 죽었습니다. 해조에게 표창하고 증직하게 하고 심일민은 관직을 상으로 주게 하소서' 하니, 상이 따랐다."

51 정조 1권, 즉위년(1776년) 3월 10일(신사) 첫 번째 기사, '경희궁의 숭정문에서 즉

위하다'.

"영조대왕 52년(1776년) 3월 병자일에 영조가 홍薨하고, 6일 만인 신사일에 왕이 경희궁의 숭정문에 즉위했다."

52 박무영, 『조선의 여성들』, 돌베개, 2004. 168쪽.

53 같은 책, 185쪽.

54 같은 책, 186쪽.

55 최완수, 『진경시대』 1, 돌베개, 2012, 1998. 7쪽

56 최완수, 『진경시대』 2, 돌베개, 1998. 81쪽.

57 같은 책, 101쪽.

58 송혜진, 『신재효』, 웅진씽크하우스, 2007. 33쪽.

59 같은 책, 88쪽.

6부 : 500년 왕조의 파국

1 이영훈, 「조선후기 이래 소농사회의 전개와 의의」, 『역사와 현실』 45호, 한국역사연구원, 2002.

2 조선 전기 양반 지주는 노비를 이용하여 대농장을 경영하였다. 조선 후기 노비제가 해체되면서 양반 지주는 농민들에게 땅을 임대하여 주고, 소출의 절반을 수취하는 병작제에 의지하였다. 병작제 하에서 농사를 짓고 사는 농민을 소농이라 하고, 소규모의 토지를 임대하여 가족 단위로 열심히 일하여 살아가는 소농들의 사회를 소농사회라 한다. 병작제 하에서 토지의 가격은 소작료 5년 분치였다. 소농들은 지주로 올라서기 위한 열망으로 면화도 키우고, 양잠을 하는 등 부지런히 농사를 지었다. -이대근, 『새로운 한국 경제 발전사』, 나남, 2005. 46쪽 재작성.

3 장시의 축소에 관한 이영훈의 견해에 대해 다른 견해도 있다. 1830년대 장시 수의 감소는 장시간 통합과 흡수의 결과로 이해되어야 한다는 견해도 있다. 장시수가 단순하게 감소한 것이 아니라 오일장 체계 안에서 대장에 의한 소장의 흡수, 장시 개시일이 겹치는 장시간의 통합 등을 반영한 결과라는 것이다. 이는 시장경제의 위축으로 해석되는 것이 아니라 시장경제의 발전에 따라 시장권의 확대, 발전을 반영하는 것으로도 해석된다.

4 1862년 환곡의 규모는 800만 석으로 보고되지만, 실제로는 절반 이상인 500만

석이 장부상의 허수에 불과했다. -같은 논문

5 18세기에 완성된 도덕 경제는 군주가 모든 인민의 삶이 안정되도록 보호하는 경제였다. -이대근 외, 『새로운 한국 경제 발전사』, 나남출판, 2005. 61쪽.

6 식민지기에 일본인 학자들이 정립한 이른바 '조선사회정체론'에 의하면, 조선왕조 500년은 약진도 없고 변화도 없는 정체된 사회였다. 그것은 명백한 잘못이다. 조선 경제의 정체는 19세기 말의 고유한 현상이었다. 다시 말해 '조선사회정체론'은 조선시대사의 내재적 발전 과정을 외면한 채, 19세기 말의 특수 상황을 이전 500년의 시기로 소급 적용한 비역사적 방법론에 의거한 입론이었다. -이영훈, 「19세기 조선왕조 경제체제의 위기」, 『조선시대사학보』 43호, 조선시대사학회, 2007.

7 이는 1866년 병인년에서 1871년 신미양요 때까지 희생된 신자의 수이다.

8 황현, 『매천야록』, 허경진 옮김, 한양출판, 1995.

9 철종 14권, 13년(1862년) 4월 4일(병진) 첫 번째 기사, '경상도 안핵사 박규수가 진주민란의 원인이 전 우병사 백낙신의 탐욕으로 인한 것이었음을 치계하다'.

10 "금번 진주晉州의 난민亂民들이 소동을 일으킨 것은 오로지 전 우병사右兵使 백낙신白樂莘이 탐욕을 부려 침학侵虐한 까닭으로 연유한 것이었습니다. 병영兵營의 환포還逋와 도결都結을 시기를 틈타 아울러 거행함으로써 6만 냥의 돈을 가호家戶에 배정하여 백징白徵하려 했기 때문에 군정群情이 들끓고 여러 사람의 노여움이 일제히 폭발해서 드디어 격발하여 전에 듣지 못하던 변란이 돌출하기에 이른 것이었습니다."

11 철종 14권, 13년(1862년) 5월 22일(계묘) 네 번째 기사, '진주 안핵사 박규수가 민란의 원인이 삼정 문란에 있음을 아뢰다'.

12 철종 14권, 13년(1862년) 5월 30일(신해) 첫 번째 기사, '함평현의 민란을 주동한 자를 효수하고 전 현감 권명균을 원찬시키게 하다'.

13 철종 14권, 13년(1862년) 6월 9일(경신) 첫 번째 기사, '익산 안핵사 이정현을 불러 민란에 대해 묻다'.

14 철종 14권, 13년(1862년) 5월 14일(을미) 첫 번째 기사, '회덕 민란의 주동자들을 체포하는 대로 즉시 효수하게 하다'.

15 철종 14권, 13년(1862년) 5월 21일(임인) 두 번째 기사, '부안현의 민란으로 현감

정직조 등을 종중 추고하게 하다'.

16 정약용, 『정선 목민심서』, 다산연구회, 창비, 2012. 185쪽.

17 같은 책, 186쪽.

18 철종 14권, 13년(1862년) 5월 23일(갑진) 첫 번째 기사, '진주 민란의 수창자를 부대시로 효수하게 하다'.

19 고종 1권, 1년(1864년) 2월 8일(기묘) 네 번째 기사, '비변사에서 풍천 민란의 주모자인 황기정, 윤장언 등의 처벌을 아뢰다'.

20 고종 6권, 6년(1869년) 3월 29일(신축) 두 번째 기사, '광양현의 난민을 토벌하고 근원을 캐기 위해 남정룡을 안핵사로 차하하여 조사하게 하다'.

21 고종 14권, 14년(1877년) 9월 28일(경진) 첫 번째 기사, '전라도에서 일어난 민란에 대하여 이유원 등이 아뢰다'.

22 고종 20권, 20년(1883년) 8월 8일(을묘) 두 번째 기사, '성주목에서 민란이 일어난 것에 대해 경상 감사 조강하가 장계를 올리다'.

23 고종 20권, 20년(1883년) 8월 11일(무오) 세 번째 기사, '의정부에서 동래 민란의 주모자 처벌에 관하여 보고하다'.

24 고종 21권, 21년(188년) 3월 14일(기축) 첫 번째 기사, '가리포의 민란에 대한 일을 의정부에서 보고하다'.

25 고종 22권, 22년(1885년) 2월 27일(정유) 두 번째 기사, '양주 목사 윤성진을 안핵사로 임명하여 여주 민란을 조사하도록 하다'.

26 고종 22권, 22년(1885년) 3월 29일(무진) 세 번째 기사, '의정부에서 여주 민란을 조사한 일에 대하여 보고하다'.

27 고종 25권, 25년(1888년) 10월 16일(갑오) 두 번째 기사, '안핵사 황기연이 영흥 민란에 대하여 보고하다'.

28 고종 27권, 27년(1890년) 윤2월 14일(갑인) 첫 번째 기사, '안성군 민란의 두 죄인 장학신과 윤덕현을 감영에 잡아다가 처리하도록 하다'.

29 고종 29권, 29년(1892년) 10월 29일(계미) 첫 번째 기사, '정법조가 회령부 민란에 북청 부사 엄주한을 안핵사로 파견하여 처리할 것을 아뢰다'.

30 고종 30권, 30년(1893) 2월 23일(병자) 첫 번째 기사, '의정부에서 평안도의 민란을 일으킨 자들의 처벌에 대해 아뢰다'.

31 고종 31권, 31년(1894년) 1월 21일(기해) 첫 번째 기사, '의정부에서 황주목의 민란을 일으킨 자들의 처벌과 20개 조목의 폐단의 시정을 건의하다'.

32 고종 31권, 31년(1894년) 1월 29일(정미) 첫 번째 기사, '의정부에서 금성현에 난을 일으킨 자들을 잡을 것과 금성 현령 이승일, 개성 유수 김세기의 탐오죄를 처벌할 것을 청하다'.

33 http://swj601.tistory.com/117

34 고종 31권, 31년(1894년) 4월 27일(계유) 다섯 번째 기사, '전라 감영이 동학 무리에게 함락되다'.

35 고종 32권, 31년(1894년) 11월 3일(을해) 두 번째 기사, '양호 도순 무영에서 공주 서산에서 비적들을 격파했다고 보고하다'.

36 고종 32권, 31년(1894년) 12월 10일(임자) 네 번째 기사, '전라 감사가 비적의 두목인 전봉준을 사로잡았다고 보고하다'.

37 고종 33권, 32년(1895년) 3월 29일(경자) 다섯 번째 기사, '비적 무리 전봉준 등 다섯 명을 교형에 처하다'.
"법무대신 서광범이 아뢰기를, '비류匪類인 전봉준, 손화중, 최경선, 성두한, 김덕명 등을 신臣의 아문衙門에서 잡아가두고 신문한 결과 진상을 자복했습니다. 그러므로 『대전회통』의 법조문에 적용시켜 교형絞刑에 처하는 것이 어떻겠습니까?' 하니, 윤허했다."

38 이사벨라 B. 비숍, 『조선과 그 이웃 나라들』, 신복룡 옮김, 집문당, 2000. 261쪽.

39 같은 책, 14쪽.

40 한국 나이로는 45세이다.

김낙년 외, 『새로운 한국경제발전사』, 나남, 2005.

김석형, 『조선봉건시대 농민의 계급구성』, 신서원, 1993.

김영중, 『서산대사』, 밀알, 2000.

박무영, 『조선의 여성들』, 돌베개, 2004.

박지원, 『열하일기』 상, 리상호 옮김, 보리, 2004.

송혜진, 『신재효』, 웅진씽크하우스, 2007.

신재효, 『한국 판소리 전집』, 강한영 옮김, 서문당, 2007.

에드워드 H. 카, 『역사란 무엇인가』, 김택현, 까치, 2015.

오희문, 『쇄미록』, 이민수 옮김, 해주오씨추난공파종중, 1990.

이대근 외, 『새로운 한국 경제 발전사』, 나남출판, 2005.

이덕일, 『당쟁으로 보는 조선역사』, 석필, 1997.

이사벨라 B. 비숍, 『조선과 그 이웃 나라들』, 신복룡 옮김, 집문당, 2000.

이수광, 『조선부자 16인의 이야기』, 스타리치북스, 2015.

이순신, 『난중일기』, 송찬섭 옮김, 서해문집, 2004.

_____, 『충무공 이순신 전서』(전4권), 박기봉 편역, 비봉출판사, 2006.

이영화, 『조선시대 조선사람들』, 가람기획, 1998.

이영훈, 「조선후기 이래 소농사회의 전개와 의의」, 『역사와 현실』 45호, 한국역사연구회, 2002.

_____, 「19세기 조선왕조 경제체제의 위기」, 『조선시대사학보』 43호, 조선시대사학회, 2007.

이익, 『성호사설』, 최석기 옮김, 한길사, 1999.

이종하, 『우리 민중의 노동사』, 주류성, 2001.

이준구, 『조선후기 신분직역변동연구』, 일조각, 1993.

이철, 『조선의 백과사전을 읽는다』, 알마, 2011.

이헌창, 『한국경제통사』(제2판), 법문사, 2003.

이황, 『퇴계 이황 아들에게 편지를 쓰다』, 이장우·전일주 옮김, 연암서가, 2008.

임마누엘 페스트라이쉬, 『한국인만 모르는 다른 대한민국』, 21세기북스, 2013.

장자오청·왕리건, 『강희제 평전』, 이은자 옮김, 민음사, 2010.

정약용, 『유배지에서 보낸 편지』, 박석무 편역, 창비, 2001.

_____, 『정선 목민심서』, 다산연구회, 창비, 2012.

최완수 외, 『진경시대』(전2권), 돌베개, 1998.

함석헌, 『뜻으로 본 한국역사』, 제일출판사, 1974.

허경진, 『허균 평전』, 돌베개, 2002.

헨드릭 하멜, 『하멜 표류기』, 김태진 옮김, 서해문집, 2003.

황현, 『매천야록』, 허경진 옮김, 한양출판, 1995.

조선왕조실록 sillok.history.go.kr/main/main.jsp

역사 콘서트 ❷

황광우와 함께 읽는 조선의 결정적 순간

초판 1쇄 발행 2016년 3월 17일
초판 2쇄 발행 2016년 4월 1일

지은이 | 황광우
발행인 | 박재호
편집 | 김준연, 강소영
종이 | 세종페이퍼
인쇄·제본 | 한영문화사
출력 | ㈜상지피앤아이

발행처 | 생각정원
출판신고 | 제 25100-2011-320호(2011년 12월 16일)
주소 | 서울시 마포구 양화로 156(동교동) 엘지팰리스 1207호
전화 | 02-334-7932 팩스 | 02-334-7933
전자우편 | pjh7936@hanmail.net

ⓒ 황광우 2016

ISBN 979-11-85035-43-7   04910

이 도서의 국립중앙도서관 출판예정도서목록(CIP)은 서지정보유통지원시스템 홈페이지(http://seoji.nl.go.kr)와
국가자료공동목록시스템(http://www.nl.go.kr/kolisnet)에서 이용하실 수 있습니다. (CIP제어번호 : CIP2016006202)

• 이 책은 저작권법에 따라 보호받는 저작물이므로 무단 전재와 복제를 금지합니다.
   책의 일부 또는 전부를 이용하려면 저작권자와 생각정원의 동의를 받아야 합니다.
• 잘못된 책은 구입하신 곳에서 바꿔드리며, 책값은 뒤표지에 있습니다.

만든 사람들
기획 | 박재호
책임편집 | 강소영
교정교열 | 윤정숙
디자인 | 이석운, 김미연
일러스트 | 최광렬